中等职业学校新课标公共课配套辅导

互联网＋教育改革新理念教材

职业道德与法治学习辅导与训练

主编 刘霞 杨希

教·学
资 源

新华出版社

图书在版编目（CIP）数据

职业道德与法治学习辅导与训练 / 刘霞，杨希主编
. -- 北京 : 新华出版社，2023.5
ISBN 978-7-5166-6850-4

Ⅰ. ①职… Ⅱ. ①刘… ②杨… Ⅲ. ①职业道德－中等专业学校－教学参考资料②法律－中国－中等专业学校－教学参考资料 Ⅳ. ①B822.9②D92

中国国家版本馆 CIP 数据核字(2023)第 104699 号

职业道德与法治学习辅导与训练

主　　编：刘　霞　杨　希

责任编辑：林郁郁　李　珊　　封面设计：北京金企鹅

出版发行：新华出版社
地　　址：北京石景山区京原路 8 号　　邮　　编：100040
网　　址：http://www.xinhuapub.com
经　　销：新华书店、新华出版社天猫旗舰店、京东旗舰店及各大网店
购书热线：010-62111051　　中国新闻书店购书热线：010-63072012

照　　排：北京金企鹅
印　　刷：北京同文印刷有限责任公司

成品尺寸：210mm × 285mm
印　　张：9.75　　字　　数：243 千字
版　　次：2023 年 5 月第一版　　印　　次：2023 年 5 月第一次印刷

书　　号：ISBN 978-7-5166-6850-4
定　　价：35.00 元

图书如有印装问题请与出版社联系调换：010-63073969

前言

PREFACE

“职业道德与法治”课程是中等职业学校思想政治课程的重要组成部分，是中职学校各专业学生必修的公共基础课程。该课程着眼于提高中职学生的职业道德素质和法治素养，对学生进行职业道德和法治教育，可帮助学生理解全面依法治国的总目标和基本要求，了解职业道德和法律规范，增强职业道德和法治意识，养成爱岗敬业、依法办事的思维方式和行为习惯。

本书特色

本书是中等职业学校教科书的配套用书，参照《中等职业学校思想政治课程标准（2020 年版）》的基本要求编写，旨在帮助学生梳理、深入理解和巩固所学知识。为帮助学生理解教材内容，掌握学习重点，本书按照教材结构顺序逐章编写，每节均设置了“思维导图”“生活感悟”“知识检测训练”“实践体验活动”四个版块。

上述四个版块紧密衔接，作用明确。首先通过“思维导图”使学生了解主要知识点；然后通过“生活感悟”将知识点与实际生活联系起来，使学生能够举一反三，加深对知识点的理解；最后通过“知识检测训练”和“实践体验活动”考查学生对知识的掌握情况及在实践活动中运用知识的能力。四个版块的具体内容如下。

思维导图

“思维导图”主要介绍本节的知识框架，使学生了解本节的主要知识点。

生活感悟

“生活感悟”首先给出一些富有哲理的小故事和典型案例，并利用“简析”点出关联的知识点，然后利用“感悟”提出与之相关的问题，引导学生分析与思考，让学生将所学知识与实际生活联系起来，帮助学生增强职业道德与法治意识，成为知法、懂法、守法、用法的公民。

知识检测训练

“知识检测训练”包括单项选择题、多项选择题、简答题、分析题和实践题五种题型。题目紧扣知识点，从不同角度对所学内容进行多方位检测，帮助学生巩固所学知识，并把握解题思路。例如，选择题和简答题主要考查学生对理论知识的掌握情况；分析题主要考查学生分析问题的能力；实践题主要考查学生解决问题的能力。

实践体验活动

“实践体验活动”引导学生开展形式多样的实践活动，如演讲辩论、采访调查、学习劳动模范和道德榜样的先进事迹、模拟真实社会活动等。通过各种实践活动，让学生将所学知识在日常生活中融会贯通。

数字资源

本书提供了在线题库，支持“教学作业，一键发布”，教师只需通过微信或“文旌课堂”App 扫描扉页二维码，即可迅速选题、一键发布、智能批改，并查看学生的作业分析报告，提高教学效率，提升教学体验。学生可在线完成作业，巩固所学知识，提高学习效率。

本书创作团队

本书由刘霞、杨希担任主编，曾琳、石慧、魏纯担任副主编。在本书编写过程中，编者参考了大量资料并引用了部分文章和案例等。这些资料大部分已获原作者授权，但由于部分资料来自网络，我们未能确认出处，也暂时无法联系到原作者。对此，我们深表歉意，并欢迎原作者随时与我们联系（电话：4001179835）。另外，本书所选案例大都来源于真实事件，但为了避免引起不必要的误会，部分人物及机构使用了化名。

由于编者水平有限，书中存在的不妥之处，恳请各位读者批评指正。

目录

CONTENTS

第一章

感悟道德力量

第一节

传承和弘扬优良道德

思维导图

- 传承和弘扬优良道德
  - 认识道德与传承传统美德
    - 认识道德
    - 传承传统美德
  - 涵养社会主义道德
    - 认识社会主义道德建设
    - 推进新时代公民道德建设

生活感悟

一、爱护“共享”，文明骑行

近年来，共享单车在我国各大城市流行起来，给人们的短途出行带来了极大的方便。然而，有些人为了一己之便，或损毁单车的二维码，或破坏车锁，甚至还有人用锁链将单车锁住完全据为己有。他们的行为给别人的出行造成了极大不便。

【简析】上述将共享单车据为己有的行为是破坏公物和扰乱公共秩序的具体体现，该类行为反映出破坏者淡薄的道德意识。

【感悟】你觉得出现这种现象的原因是什么，以及应该如何改善这种现象。

二、尺有所短，寸有所长

清朝时期，姑苏城内有两位名医，一位叫薛雪，另一位叫叶桂。他们住在同一条街上，两人志趣相投，经常在一起切磋医术，彼此都受益匪浅。

一天，有个患病的更夫请薛雪诊治。薛雪切过脉后对更夫说：“你的病已无药可救，还是早点回家准备后事吧！”更夫听了极度痛苦失望，在回家的路上便昏倒在地。叶桂刚好路过，急忙将更夫唤醒，询问缘故。他了解到更夫夜晚守更用“蚊香”驱蚊，断定他是受“蚊香”的毒气熏染致病，于是对病下药，更夫仅服了两剂，病即痊愈。从此，他逢人便夸叶桂医术高明。薛雪知道这件事后感到大失体面，心生嫉妒，便提笔挥就了“扫叶庄”3个大字，挂在自己宅门前。叶桂得知，十分气恼，也愤然书写了“踏雪斋”3个字，高高悬在自己书房的门楣上。

事后，薛雪觉得自己不该挑起对立情绪，暗自后悔。几年以后，叶桂的母亲病重，叶桂用自己的药方多次治疗都不见效。薛雪听说后主动派弟弟到叶桂家，提出治疗方案供参考。叶桂听了，恍然大悟，依方施药，果然奏效。叶桂十分感激，主动卸下“踏雪斋”的横匾，并到薛家登门拜谢。薛雪也取下了“扫叶庄”横匾。

从此，两位名医常常在一起研究医学，取长补短。后来，叶桂写成了《温热论》，薛雪著有《湿热病篇》，他们共同为中医的瘟病学做出了重要贡献。

【简析】薛、叶二人从互相轻视、彼此封闭，到后来互相尊敬、互相学习、取长补短，道德在这中间发挥了重要作用。最后，两人不仅提升了自己的医术，还为中医的瘟病学做出了重要贡献。

【感悟】谈谈上述案例对你的启发，你觉得在生活中与同学、朋友相处时应该怎么做。

三、生命的最后一分钟

那天，阳光灿烂，大连市公共汽车联营公司702路4227号双层巴士司机黄师傅，在行车途中突然心脏病发作，在生命的最后一分钟，他强忍剧痛，做了以下三件事。

（1）把车缓缓停在路边，用最后的力气拉下手动刹车闸。

（2）把车门打开，请乘客依次安全下车。

（3）将发动机熄火，确保车辆、乘客和路人的安全。

做完这三件事，黄师傅安详地趴在方向盘上停止了呼吸。他用自身行动向我们诠释了何谓道德，何谓责任。

【简析】公交车司机黄师傅在生命的最后一分钟依旧记得完成自己应当完成的使命，做好自己应当做好的工作，体现了强烈的社会责任感和道德意识。

【感悟】谈谈你从黄师傅身上学到了什么。你觉得提高公民的社会责任感和道德素质，对社会有何重要意义。

四、崇尚道德模范，提升道德水平

某中职学校为切实推动道德模范的崇高精神深入学生内心，充分发挥榜样感召人、影响人、带动人的重要作用，组织了一场让学生借助网络学习道德模范的活动。在活动中，学生在家观看本市的道德模范事迹视频，并与部分道德模范连线，进行面对面视频交流。通过本次活动，学生潜移默化地接受熏陶，营造了良好的以德育人氛围。

【简析】学校开展学习道德模范活动，让学生了解道德模范事迹、与道德模范深入交流，切身体会道德风范，助其成为道德高尚的青少年。

【感悟】你觉得为什么要学习道德模范的崇高精神，谈谈这对个人成长成才的影响。

知识检测训练

一、单项选择题（下列各题的4个选项中，只有1项是符合题意的）

1.（　　）都是基本的社会规则体系，它们以不同的方式规范人们的交往行为，调节个体之间（或个体与社会之间）的关系。

A．道德和法律　　B．法律和法规

C．规章和公德　　D．品德和制度

2.（　　）由一定的社会经济关系决定，以善恶标准评价，依靠人们的内心信念、社会舆论和传统习惯来维系。

A．法律　　B．道德

C．规章制度　　D．国家政策

3.（　　）是由国家制定或认可并依靠国家强制力保证实施的，反映由特定社会物质生活条件所决定的统治阶级意志的规范体系。

A．国家政策　　B．道德

C．规章制度　　D．法律

4.（　　）与（　　）相辅相成，共同维持着社会的稳定。两者既有区别又有联系，既可以相互支持，又可以相互补充。

A．国家政策　规章制度　　B．国家政策　法律

C．道德　法律　　D．道德　规章制度

5．在（　　）难以规范的领域，（　　）可以发挥作用；对（　　）无力约束的行为，（　　）可以践行惩戒。

A．法律　道德　道德　法律　　B．道德　道德　法律　法律

C．道德　法律　法律　道德　　D．道德　法律　道德　法律

6．只有坚持（　　），才能更好地发挥其在国家治理和社会治理中所产生的治理合力，提高国家治理和社会治理的现代化水平。

A．依法治国　　B．以德治国

C．依法治国与以德治国相结合　　D．道德与法律相结合

7.“爱国、敬业、诚信、友善”是社会主义核心价值观中（　　）。

A．公民个人层面的价值准则　　B．社会层面的价值取向

C．国家层面的价值目标　　D．民族层面的价值精神

8. “自由、平等、公正、法治”是社会主义核心价值观中（　　）。

A．公民个人层面的价值准则　　B．社会层面的价值取向

C．国家层面的价值目标　　D．民族层面的价值精神

9. 某中职学校开展活动，要求“全员育人、全程育人、全面育人”，把德育工作当作学生终生发展的奠基性工程。该学校的做法表明（　　）。

A．良好道德有助于促进人生发展和事业成功

B．道德不良的人必将一事无成

C．道德能促进生产力的发展

D．道德能促进社会和谐

10. 在我国古代，老中医在学徒期满时要赠送弟子两件礼物——一把雨伞和一个灯笼，代表了对弟子的期望和祝福。你认为师父赠送这两件礼物所表达的含义是（　　）。

A．为了给弟子个人生活提供方便

B．为了让弟子能风雨无阻、不分昼夜地为患者服务

C．为了让弟子不被雨淋

D．为了让弟子能经常到师父家看望

11. 道德贯穿于人类社会的各个领域，渗透在各种社会关系之中，调整各种人际关系，这体现了道德的（　　）。

A．广泛的社会性　　B．行业性

C．时代性　　D．影响的传承性

12. 在阶级社会，不同时代、不同阶级的人们具有不同的道德观，遵循不同的道德标准，此时的道德具有（　　）。

A．层次性　　B．鲜明的阶级性

C．特殊的规范性　　D．约束性

13.（　　）代表了一个国家或民族的发展水平和文明程度，也代表了一个人的素质水平。

A．法律　　B．规章制度

C．道德　　D．国家政策

14.（　　）是中华文化的精髓和道德建设的不竭源泉。

A．品德　　B．道德

C．传统道德　　D．中华传统美德

15. 社会主义道德建设以（　　）为指导。

A．马克思主义　　B．科学理论

C．社会实践　　D．法治理论

16. 社会主义道德建设以（　　）为核心。

A. 平等　　B. 经济建设

C. 理想信念　　D. 为人民服务

17. 社会主义道德建设以（　　）为原则。

A. 个人主义　　B. 集体主义

C. 英雄主义　　D. 爱国主义

18. 社会主义道德建设以（　　）为基本要求。

A. 解放思想、实事求是、与时俱进、求真务实

B. 生产发展、生活宽裕、仪容整洁、管理民主

C. 爱祖国、爱人民、爱劳动、爱科学、爱社会主义

D. 爱国守法、明礼诚信、团结友善、勤俭自强、敬业奉献

19. 中共中央、国务院于（　　）年印发了《新时代公民道德建设实施纲要》。

A. 2001　　B. 2006　　C. 2015　　D. 2019

20. 下列选项中不属于新时代公民道德建设的着力点的是（　　）。

A. 社会公德建设　　B. 理想信念建设

C. 家庭美德建设　　D. 个人品德建设

二、多项选择题（下列各题的4个选项中，至少有2项是符合题意的）

1. 道德与法律都具有的特征包括（　　）。

A. 规范社会行为　　B. 调节社会关系

C. 维护社会秩序　　D. 存在于人们的认识和社会舆论中

2. 在国家治理中道德与法律是相辅相成的，因为（　　）。

A. 法律是成文的道德　　B. 道德是内心的法律

C. 法律实施有赖于道德支持　　D. 道德践行离不开法律约束

3. 下列属于社会主义核心价值观中国家层面的价值目标的有（　　）。

A. 富强　　B. 民主　　C. 文明　　D. 和谐

4. 广义的法律是国家所制定或认可的所有法律文件的总称，包括（　　）等。

A. 宪法　　B. 基本法律

C. 行政法规　　D. 地方法规

5. 治国理政必须坚持（　　）、（　　），实现法律和道德相辅相成，法治和德治相得益彰。

A. 一手抓法治　　B. 一手抓德治

C. 行政法规　　D. 道德教化

6．提高职业道德素质和法治素养对学生成长成才的意义包括（　　）。

A．促进学生选择正确的成才之路

B．有助于学生掌握丰富的职业道德和法治知识

C．增强学生应对现实中各种挑战的能力

D．有助于学生真正做到德才兼备、全面发展

7．下列表述中，属于道德的作用的有（　　）。

A．规范人们行为和调节人际关系

B．维护社会秩序和促进社会和谐

C．为经济社会发展提供精神支撑

D．有助于个人的人生发展和成长成才

8．下列关于传统道德的说法中，正确的有（　　）。

A．传统道德其实就是传统美德

B．传统道德既有精华，也有糟粕

C．传统道德是对道德实践经验的总结

D．传统道德体现了人们的行为、风俗、观念和心理

9．下列选项中属于中华传统美德的有（　　）。

A．自强不息　　B．见义勇为

C．扶正扬善　　D．明哲保身

10．下列关于社会主义道德及其建设的说法中，正确的有（　　）。

A．以为人民服务为核心是社会主义道德的本质要求和显著标志

B．社会主义道德建设无法保证国家利益、集体利益和个人利益的一致性

C．社会主义道德体系为我国不断开创新局面提供了思想保证和精神力量

D．社会主义道德建设以“五爱”为基本要求，为我们确立了道德目标和人生价值取向

11．下列关于加强新时代公民道德建设的说法中，正确的有（　　）。

A．加强新时代公民道德建设是适应社会主要矛盾变化的需要

B．加强新时代公民道德建设是促进社会全面进步的必然要求

C．加强新时代公民道德建设是满足人民对美好生活向往的需要

D．加强新时代公民道德建设是促进个人全面发展的必然要求

12．加强新时代公民道德建设，必须坚持以社会主义核心价值观为引领，将国家、社会、个人层面的价值要求贯穿到道德建设各方面，以主流价值建构道德规范、强化道德认同、指引道德实践，引导人们（　　）。

A．明大德　　B．讲文明　　C．守公德　　D．严私德

三、简答题

1．简述道德与法律的关系。

2．我国坚持依法治国与以德治国相结合有何意义？

3．简述提高职业道德素质和法治素养对成长成才的意义。

4．道德的作用有哪些？

5．如何理解社会主义道德建设？

6. 如何加强新时代公民道德建设？

四、分析题

1. 贞观之治是唐朝初年唐太宗在位期间出现的政治清明、经济复苏、文化繁荣的治世局面。唐太宗在位期间爱才若渴、知人善任、广开言路、虚心纳谏，采取了以农为本、厉行节约、休养生息、文教复兴、完善科举制度等政策，同时大力平定外患，尊重边疆民族风俗以稳固边疆，并强调国家立法要简约、执法要宽简、杜绝执法混乱，在执法时要铁面无私，量刑时要慎之又慎，做到“王子犯法，庶民同罪”。唐太宗的治国之道使得当时的社会安定和谐，开创了天下大治的理想局面。

唐太宗在位时期采取了德治与法治相结合的治国之道，开创了天下大治的理想局面。根据上述材料总结唐太宗德治与法治的措施类型，简述这些措施类型带来的影响，并说一说为什么要坚持依法治国与以德治国相结合。

2. 小丽认为：“良好的道德品质是在重大事情上体现出来的，所以在平常小事上不必讲究道德。”

小林认为：“良好的道德品质是通过接受道德教育和不断加强自我修养获得的。有了良好的道德品质，即使什么也不做也没关系。”

（1）你同意他们二人的观点吗？

（2）请就这个话题谈谈自己的看法。

五、实践题

1. 请选取以下有关道德方面的“古语古训”进行钢笔字书法描红，并在所描红“古语古训”下方的横线处，写出自己对该“古语古训”的理解。

静以修身，
俭以养德。

勿以恶小而为之，
勿以善小而不为。惟贤
惟德，能服于人。

明师之恩，诚为过
于天地，重于父母多矣。

夫君子之行，静以修身，俭以养德。非淡泊无以明志，非宁静无以致远。

2．良好的道德观念有助于促进人生发展，不良的道德品质会妨碍我们健康成长。

请仔细分析一下自己各有哪些良好的道德观念和不良的道德品质，然后将其分别填入表 1-1，并给出具体事例。对于不良的道德品质，请写出你的改进办法。

良好的道德观念，如助人为乐、尊老爱幼、敬业好学、仁爱互助、忠诚守信等。

不良的道德品质，如贪图小便宜、不讲礼貌、享乐主义、拜金主义、无集体观念等。

表 1-1 良好的道德观念和不良的道德品质分析

良好的道德观念	
不良的道德品质	
改进办法	

实践体验活动

"该不该奖励救人小哥一套房"辩论赛

2020 年 5 月 21 日，四川省自贡市富顺县某小区内，一个小女孩被困在 6 楼的窗外无法动弹，随时都有掉下去的危险。附近群众发现后，有人拨打了消防求救电话，有人自发地在楼下拉起"缓冲垫"，大家想尽办法，却一直没能让小女孩脱离危险。正在众人束手无策之时，某品牌空调的安装小哥徒手攀爬到小女孩身边将其成功救下，大家纷纷称赞救人小哥的义举。救人小哥的公司为了表彰他见义勇为，奖励了他一套价值 60 万元的房产。此事一经报道，就在网上引发了热议。

网友 A 说："小哥豁出性命救人，好人有好报，这是小哥应得的。"

网友 B 说："这种落到实处的奖励比那些锦旗、奖状强太多了。"

网友 C 说："到底是见义勇为还是搞商业宣传，毕竟空调品牌名都带出来了。"

网友 D 说："奖励一套房有点太过了，真善良、真好人怎么能收下？"

网友 E 说："这种奖励弘扬了见义勇为的精神，应该奖！"

请结合上述内容开展一场以"该不该奖励救人小哥一套房"为题目的辩论赛。

将班里所有学生分成四组，每组选出一个组长和四个辩手，由组长抽签决定自己组是正方还是反方，四组按正反方依次开展两场辩论赛，未参与当场辩论赛的其他组成员为观众，由他们投票选出获胜组。辩论赛开始前，组长、辩手和组员要积极讨论，提出观点，并为辩论赛准备资料。

过程记录

活动开展计划：

活动开展关键点：

材料准备的难点及解决方案：

心得体会：

活动评价

教师可参考表 1-2 对各小组在“该不该奖励救人小哥一套房”辩论赛活动中的表现进行评价。

表 1-2　“该不该奖励救人小哥一套房”辩论赛活动各小组表现评价表

评价标准	分值	分数小计	教师评价
各成员均积极参与讨论和准备工作	25 分		
辩论材料准备充分	25 分		
辩论论据充分，逻辑合理	25 分		
辩手语言流畅、有气势，辩论方法得当	15 分		
辩论赛获胜	5 分		
投票时公平公正，不作弊	5 分		

第二节

倡导社会公德、家庭美德和个人品德

思维导图

- 倡导社会公德、家庭美德和个人品德
  - 认识与遵守社会公德
    - 认识社会公德
    - 自觉遵守社会公德
  - 认识与弘扬家庭美德
    - 认识家庭美德
    - 弘扬家庭美德
  - 认识与提升个人品德
    - 认识个人品德
    - 提升个人品德

生活感悟

一、到底谁的素质差

一天，某辆公交车突然熄火，无法启动，于是司机喊人帮忙推车。有座位的乘客怕丢了座位，一直坐着不动；没座位的乘客怕回头抢不到好位置，也不积极。于是售票员边推边嚷：“现在的人怎么素质这么低，没人推的话，谁也别想走！”一位乘客不服，便跟旁边的人嘀咕：“他们自己出车前也不检查车况，太没职业道德了。”后来，公交车终于能启动了，售票员又抱怨说：“这破车三天两头出毛病，也不知道怎么造出来的，真怀疑这些厂家工人的素质！”众人哄然大笑。

【简析】社会公德的整体水平与每个人的行为息息相关。在社会公共领域，人与人要互相尊重、互相关心、互相帮助。

【感悟】你觉得这个案例背后有哪些深层意蕴，到底谁的素质差。谈一谈如果你是售票员，你会怎样去做。

二、久病床前有孝子

60多岁的老谭是山东省高密市阚家镇谭家营三村的一位再普通不过的农家汉子，他的孝心感动了谭家营的每一个人。老谭的母亲曾遭受太多不幸：幼年丧父、中年丧偶，女儿不到两岁就夭折了。在艰难的岁月里，她独自一人将老谭抚养成人。本该幸福的晚年，老谭的母亲却因年老体衰和食管囊肿无法正常饮食，这导致她无力下床，生活不能自理。老谭是母亲唯一的孩子，母亲的每一声呻吟都牵动着他的心。

老谭心细如发，体贴备至，每天早早起床为母亲梳头、洗脸，亲手调制流食给母亲食用。为了不烫着母亲，每次喂食前他都要自己试一试饭菜的温度；为了消除母亲身上的瘀肿，他每天都为母亲按摩，一次就是几个小时；为了防止母亲因久躺而导致后背脱皮，他坚持定时为母亲翻身，并垫上通风透气的布垫。由于母亲性格要强，且不愿在床上方便，他每次都抱着母亲下床大小便，每天都要重复二三十次这样的动作。尤其是在夜里，他每两三个小时就起来询问母亲要不要大小便。后来，母亲病情加重，老谭开始四处求医。只要有一线希望，再难他也愿一试；只要有一点线索，再远他也要一寻。他以超出常人的耐心、细心、精心，陪伴母亲走过了一千多个日日夜夜。

老谭常跟人说："我娘早年失子丧夫，遭受了人生极大的痛苦，她老了遭罪我决不能不管。人们都说'久病床前无孝子'，但我只要还活着，就要让娘少受一天罪。我要照顾我娘一辈子，孝敬她一辈子！"

【简析】尊敬老人、孝敬父母既是家庭美德的基本内容，也是子女应尽的义务。老谭的孝举体现了中华民族的传统家庭美德，在赡养老人方面起到了表率作用。老谭的孝心故事表明，儿女无微不至的陪伴和侍奉是老人晚年最大的幸福和慰藉。

【感悟】你认为我们平时应该如何孝敬自己的长辈。

三、来自平凡却造就不凡

2021年1月，环卫工人史师傅和毛师傅在作业时拾得价值280万元的四块金锭。面对巨额财物，二人在寒风中原地等待一个多小时，最终物归原主。失主提出的现金奖励，也被她们婉言谢绝。"物归原主是天经地义的事儿，不是我们的，拿了会心不安的。"史师傅和毛师傅的话语朴实而真切，却体现出拾金不昧、诚实守信、严于律己的高尚品质，得到了群众的交口称赞。同年，史师傅和毛师傅被授予“中国好人”“辽宁省道德模范”荣誉称号。

【简析】个人品德既是每个人安身立命的根本，也是衡量社会道德水准的重要指标。自强自律是个人品德的主要内容之一，我们在实现人生价值的过程中要自我约束、严于律己。史师傅和毛师傅来自平凡却造就不凡，平凡的榜样往往更有力量，她们恰恰是人民群众崇德向善的最好体现。

【感悟】你认为我们应如何以实际行动促进全社会向上向善。

知识检测训练

一、单项选择题（下列各题的 4 个选项中，只有 1 项是符合题意的）

1. 人们在公共生活和社会交往中应当遵循的行为准则是指（　　）。

A. 社会公德　　B. 职业道德

C. 家庭美德　　D. 个人品德

2. 小军在学校爱护校园的一草一木、教室墙面等，出门旅游时不在名胜古迹上乱写乱画，细心保护古建筑和历史雕塑等。小军的做法体现了社会公德主要内容中的（　　）。

A. 遵纪守法　　B. 爱护公物

C. 文明礼貌　　D. 保护环境

3. 小李在学校里穿戴整洁、言行得体，见到老师主动问好，与同学交流说话和气、委婉含蓄。小李的行为体现了社会公德主要内容中的（　　）。

A. 保护环境　　B. 助人为乐

C. 遵纪守法　　D. 文明礼貌

4．新时代公民在家庭生活中应当遵守的行为准则是指（　　）。

A．社会公德　　B．职业道德

C．家庭美德　　D．个人品德

5．下列选项中不属于家庭美德主要内容的是（　　）。

A．尊老爱幼　　B．勤劳善良

C．男女平等　　D．邻里互助

6．小萌住校期间经常给爸妈打电话谈心，暑假期间还主动陪爷爷散步，与小侄女玩耍。这属于家庭美德主要内容中的（　　）。

A．邻里互助　　B．男女平等

C．尊老爱幼　　D．勤俭持家

7．“淌自己的汗吃自己的饭，自己的事情自己干，靠天靠地靠父母，不算是好汉。”这句话主要体现了家庭美德主要内容中的（　　）。

A．勤俭持家　　B．尊老爱幼

C．男女平等　　D．邻里互助

8．（　　）是指一个人道德品质和思想境界的总和。

A．个人自尊　　B．个人自信

C．个人人格　　D．个人品德

9．小明在十字路口闯红灯，被警察拦住。他的行为违背了个人品德主要内容中的（　　）。

A．爱国奉献　　B．明礼遵规

C．宽厚正直　　D．自强自律

10．公民在乘车、登机、坐船时，应主动购票，自觉排队；在图书馆、影剧院等公共场所，不喧哗吵闹；游览、购物、提款时应按先后顺序，不插队。这体现了社会公德主要内容中的（　　）。

A．文明礼貌　　B．助人为乐

C．爱护公物　　D．遵纪守法

二、多项选择题（下列各题的4个选项中，至少有2项是符合题意的）

1．社会公德涵盖的关系包括（　　）。

A．人与人之间的关系　　B．人与社会之间的关系

C．人与自然之间的关系　　D．社会与自然之间的关系

2．下列选项中能体现家庭美德的有（　　）。

A．高山仰止，景行行止　　B．事父母，能竭其力

C．妻子好合，如鼓琴瑟　　D．生当作人杰，死亦为鬼雄

3. 在人际交往中，我们要做到文明礼貌，因此需要（　　）。

A. 衣冠整洁　　B. 举止文雅

C. 言谈得体　　D. 以礼待人

4. 萍萍用勤工俭学的钱买了一套衣服送给奶奶作为生日礼物，她还亲手做了几道菜。这体现了家庭美德主要内容中的（　　）。

A. 尊老爱幼　　B. 男女平等

C. 勤俭持家　　D. 邻里互助

5. 一个20岁左右的小伙子在某旅游景点的雕刻建筑上照相，当周围有人指责他时，他不仅没有意识到自己的错误，还破口大骂。这个小伙子的做法反映出他在（　　）方面出了问题。

A. 社会公德　　B. 家庭美德

C. 个人品德　　D. 职业道德

6. 下列行为中，没有遵守社会公德的有（　　）。

A. 随意横穿马路、铁轨　　B. 观看演出时，边吃东西边说话

C. 乘公交车时，插队抢座　　D. 传播垃圾电子邮件、私密照片

三、简答题

1. 社会公德的主要内容是什么？它有什么重要作用？

2. 如何做一个讲社会公德的好公民？

3．家庭美德的主要内容是什么？它有什么重要作用？

4．个人品德的主要内容是什么？它有什么重要作用？

5．如何提升自己的个人品德？

四、分析题

近年来，媒体不时报道一些有人做好事却被冤枉的事例。例如，2021 年，山西省某市一位老人自己摔倒后被三个小孩扶起，而老人却坚称是其中一个小孩推倒了自己，后经警方调查，三个小孩才被还以清白。又如，近日常做好事的周先生，主动让一位八旬老人进店避寒，并送上热水和问候。可老人却趁着周先生不注意，把放在桌上的手机偷走了。事后，周先生称：“感到很心痛！”但考虑到老人年纪较大，最终周先生没有报警。

人们常说“做好事不留名”“做好人不图报答”等，但如果让“做了好事却总是自己吃亏”成为一种社会常态，做好事的人就会越来越少。

你认为出现上述情况的原因是什么？该如何改善这种情况？结合上述材料，谈谈你的看法。

五、实践题

“文明礼貌”是社会公德的主要内容之一，它既有语言层面的要求，也有仪表和行为方面的要求。

（1）下面是一些常用的文明礼貌用语。

① 初次见面说：您好　　② 客人到来说：欢迎

③ 求人解答用：请教　　④ 赞人见解用：高见

那么，下面这些场合，你知道该说什么吗？

⑤ 表示歉意说：_______　　⑥ 麻烦别人说：_______

⑦ 与人告别说：_______　　⑧ 表示答谢说：_______

⑨ 表示礼让说：_______　　⑩ 征求意见说：_______

（2）请谈一谈文明礼貌在仪表方面有什么具体要求。

（3）请谈一谈文明礼貌在行为方面有什么具体要求。

实践体验活动

用实际行动传递道德温暖

下面，我们用实际行动传递道德温暖，以下三个活动可任选其一进行实践。

活动一：“侠客”令牌——为同学做一件好事

通过此次活动，增进学生之间的互动，使他们感受友谊的温暖，建立彼此之间的信任。

（1）将愿意参加活动的同学进行编号，每位同学记清自己的号码，教师将这些编号制作成卡片装进盒子里，全体成员抽签。

（2）抽到号码后，该同学立即升级为此号码对应之人的“侠客”，此人必须为“侠客”做一件好事。

（3）“侠客”需要为完成任务的人准备一份小礼物，可以是购买的商品，也可以是自己制作的礼品。

（4）3 天后，在教室里总结活动的收获，“侠客”表示感谢并当面赠送礼物。

活动二：关爱老人——到养老院或社区送温暖

通过此次活动，让学生走进社会，为老人送去一份温暖。

（1）选定敬老院或社区。

（2）联络相关负责人，待其允许后，全班同学一起商议本次活动，协商活动细节。

（3）取得学校认可，并开出本次活动许可证明。

（4）到达地点后，志愿者可自行解散并融入敬老院老人们的生活当中，如帮老人干活、与老人谈心等。

（5）活动结束后返回学校，每人写一篇活动感言。

活动三：回报社会——充当城市“美容师”

通过此次活动，让学生理解环卫工人等社会服务者的艰辛，并养成爱护公共场所环境卫生的好习惯。

（1）教师组织学生分组，5 人一组，并选出小组负责人。

（2）各组准备清扫工具，包括拖把、扫帚、垃圾桶、铲子、水桶、抹布等，以便清除街道上的垃圾和小广告。

（3）在学校门口集合，老师为各组分配打扫地段。

（4）各组认真打扫卫生。

（5）活动结束后，每小组派出一位代表，对今天的劳动进行总结。

过程记录

活动开展计划：

活动开展关键点：

活动开展难点及解决方案：

心得体会：

活动评价

教师可参考表 1-3 对“用实际行动传递道德温暖”活动进行评价。

表 1-3 “用实际行动传递道德温暖”活动评价表

评价标准	分值	分数小计	教师评价
同学们积极参与活动	25 分		
同学们在活动中讲文明懂礼貌，有亲和力	25 分		
主动帮助同学、老人或环卫工人解决问题	25 分		
活动总结或活动感言内容丰富、情真意切	25 分		

第二章

践行职业道德

第一节

强化职业道德意识

思维导图

- 强化职业道德意识
  - 新时代的职业道德
    - 职业道德的内涵和特点
    - 新时代劳动者应具备的职业道德素质
  - 职业道德的作用
    - 促进个人岗位成才
    - 促进社会发展

生活感悟

一、“刷6遍盘子”的职业道德

甲和乙到同一家餐馆从事兼职工作，均被分配到后厨清洗餐具。入职之初，餐馆老板就向他们强调：“为了让顾客在我们餐馆吃得放心，我们公开向顾客承诺，用过的盘子都要刷6遍才会再次使用。所以，你们务必要把用过的盘子刷6遍啊！”

刚开始，甲还能按照要求去做，但后来，甲觉得少刷一遍的盘子看起来也挺干净，于是开始偷偷地少刷一遍，只刷5遍。再后来，甲觉得哪怕再少刷一遍也没人能看得出来，于是偷懒到每次刷盘子只刷4遍。

乙始终牢记入职时老板的嘱托，每次刷盘子都勤勤恳恳地刷6遍。甲看在眼里，总觉得乙太死板，不懂变通。有一次，甲终于忍不住了，于是走过去悄悄地告诉乙：“你其实不用每次刷盘子都刷6遍的，少刷一两遍老板也看不出来。”谁知乙一听，惊讶地说道：“既然咱们向顾客承诺刷6遍，就应该说到做到，怎么能少刷呢？！”

【简析】职业道德是从业人员在职业活动中应该遵循的行为准则，同时它也能从一个侧面反映出一个人的整体道德素质。

【感悟】谈一谈如果你是餐馆老板，你会雇用哪个员工，以及你这么做的原因是什么。

二、在父子间传承的职业道德

小马的父亲是一名技术工人，他从学徒做起，在工作岗位上刻苦钻研、精益求精，实现了多项专业技术突破，一步步做到了高级技工，成为厂里人人敬佩的“马师傅”，还荣获了市劳模、市道德模范、省劳模等多项光荣称号。

小马从小就听身边的叔叔阿姨们向自己讲述父亲的先进事迹，在父亲的影响下，小马立志要成为一名光荣的技术工人。后来，小马考进了当地的一所职业学校，在校期间，小马不仅认真学习职业技能，而且自觉践行职业道德规范。毕业后，小马凭借优异的成绩，成功入职了省城的一家大型钢铁厂。在职期间，小马严格遵守单位制定的各项规章制度，工作扎扎实实、一丝不苟，与工友互帮互助、和谐相处，业务能力日益纯熟，车间业绩连年创优，他很快就成为厂里的技术骨干。两年后，小马因为娴熟的工作技能、精湛的专业素养和良好的职业道德水平，被车间所有工友一致推举为车间副主任。

【简析】职业道德是个人综合素质的重要组成部分，也是每个从业人员自我实现的重要保证。

【感悟】结合上述案例，谈谈职业道德对个人成才和发展的重要性。

知识检测训练

一、单项选择题（下列各题的4个选项中，只有1项是符合题意的）

1. 一般来说，人们在日常生活中常常提到的个人品德、职业道德、社会公德等均属于（　　）的范畴。

A. 纪律　　B. 制度
C. 道德　　D. 法律

2. 职业道德是（　　）。

A. 从业人员的行为规范　　B. 企业上司的指导性要求
C. 从业人员的自我习惯　　D. 职业纪律的最低要求

3. 职业道德是社会道德在（　　）中的延伸和具体化。

A. 教育活动　　B. 职业活动
C. 日常生活　　D. 创新活动

4. 某行业的职业道德所针对的对象一般是（　　）。

A. 本行业的从业人员　　B. 本行业的服务对象
C. 行业外的从业人员　　D. 本行业的模范人员

5. 下列关于职业道德的说法中，正确的是（　　）。

A. 职业道德的提高与个人努力毫无关系
B. 职业道德能反映出一个人的整体道德素质
C. 职业道德的养成只能靠自我约束
D. 不同行业的职业道德规范均相同

6. 下列选项中，属于职业道德的是（　　）。

A. 企业经营业绩　　B. 企业发展战略
C. 员工爱岗敬业　　D. 员工技能特长

7. 职业道德具有（　　）的约束力。

A. 较弱　　B. 较强
C. 强制　　D. 自愿

8. “行医要有医德，执教要有师德，从艺要有艺德”，这说明职业道德具有（　　）。

A. 多样性　　B. 时代性
C. 约束性　　D. 职业性

9. 职业道德可通过公约、条例、章程、守则、制度等形式呈现，这说明职业道德具有（　　）。

A. 多样性　　B. 时代性

C. 约束性　　D. 职业性

10. 职业道德在不同时期的内涵会有所不同。换句话说，职业道德的内涵会随着时代的发展而不断变化。这说明职业道德具有（　　）。

A. 多样性　　B. 时代性

C. 约束性　　D. 职业性

11. 要加快建设制造强国，就必须坚持将（　　）作为第一资源，培养大批高素质劳动者。

A. 科技　　B. 创新

C. 人才　　D. 实体经济

12. 下列选项中，不属于新时代对劳动者的职业道德素质要求的是（　　）。

A. 有文凭，高学历　　B. 踏实肯干

C. 有理想，有抱负　　D. 德才兼备

13. 下列关于职业道德与个人成才的关系的叙述中，正确的是（　　）。

A. 个人成才与否和是否具备职业道德毫不相关

B. 职业道德水平高的人肯定能够在岗位上成才

C. 缺乏职业道德的人更容易在岗位上成才

D. 职业道德在个人的成才之路上起着重要作用

14. 职业道德是每个从业人员提升职业能力、实现自我价值的（　　）。

A. 重要保证　　B. 最终结果

C. 次要条件　　D. 显著标志

15. 下列关于职业道德与社会发展之间关系的说法中，错误的是（　　）。

A. 职业道德对社会的全面发展具有重要的促进作用

B. 只有人民的职业道德水平显著提升，社会才能得到发展

C. 职业道德对营造劳动光荣的社会风尚具有重要作用

D. 职业道德有助于社会中形成精益求精的敬业风气

二、多项选择题（下列各题的4个选项中，至少有2项是符合题意的）

1. 下列说法中，正确的有（　　）。

A. 是否遵守职业道德，应该视具体情况而定

B. 知识和技能是第一位的，职业道德是第二位的

C．每个从业人员都应该以德为先，做有职业道德的人

D．每个从业人员不论职位高低，都应该遵守职业道德

2．职业道德主要涵盖（　　）之间的关系。

A．从业人员与服务对象　　B．职业与职业

C．职业与职工　　D．企业与企业

3．职业道德的特点包括（　　）。

A．时代性　　B．强制性

C．普适性　　D．约束性

4．下列说法中，正确的有（　　）。

A．职业道德是一种受到社会普遍认可的职业规范

B．职业道德有实质性的约束性和强制执行力

C．职业道德由从业人员通过长期的工作实践形成

D．职业道德有着固定不变的特定形式

5．下列说法中，正确的有（　　）。

A．遵守职业道德是新时代对每个劳动者的基本要求

B．职业道德是推动社会进步的唯一途径

C．职业道德有利于促进个人岗位成才

D．职业道德有利于促进社会发展

三、简答题

1．简述职业道德的内涵。

2．简述职业道德的特点。

3．新时代对劳动者的职业道德素质提出了哪些要求？

四、分析题

一个企业成功的要诀是什么？随着社会经济的快速发展，越来越多的企业管理者开始不断地思考这些问题。在崇尚“以人为本”的管理之道的今天，“企无人则止”的理念已经深植于人心，员工的综合素质也成为影响企业未来发展和成功的重要因素。如今，越来越多的企业把培育员工职业道德纳入企业文化建设之中。

在现代经济活动中，为什么越来越多的企业把培育员工职业道德纳入企业文化建设之中？

五、实践题

1．结合你对职业道德的理解，为某一职业（如医生、教师、消防员等）拟订相关的职业道德规范，注意凸显该类职业道德的特定要求。

2. 职业道德是个人在岗位中成才的重要保证。请收集有关职业道德的经典案例，从中体会职业道德的重要性，并以“我眼中的职业道德”为主题制作一份手抄报。

实践体验活动

“我身边的劳动者”主题采访活动

没有环卫工人的辛勤劳动，哪有干净整洁的街道？没有安保人员的日夜巡逻，哪有小区的祥和平安？没有快递员风雨无阻地运送快递，我们哪能方便、快捷地完成网购？……每一座城市的和谐与美丽，都离不开劳动者辛勤的汗水和无私的付出。工作的本质是为人民服务，没有高低贵贱之分，只要能为国家和社会创造价值，就是光荣的；只要是劳动者，就应该得到认可和尊重。

请以小组（8～10 人）为单位，组织一次“我身边的劳动者”主题采访活动，自行选择并采访当地的某个劳动者群体，了解他们的日常工作情况，体验他们的工作过程。采访完成后，总结采访过程、劳动者语录、小组成员心得等内容，并将其以 PPT 的形式在全班展示。

提示：

1. 小组成员应明确各自的分工，并协作制订本次主题采访活动的计划，包括采访目的、采访对象、采访时间、采访地点、采访问题等。

2. 采访问题应包括职业道德、职业技能、职业要求、职业前景等方面。例如，您认为做好这份工作最需要什么？您这些年来最看重的职业道德是什么？

3. 可用文字、录音、录像等形式记录采访活动过程。

过程记录

采访活动的计划：

采访活动的关键点：

采访活动的难点及解决方案：

心得体会：

活动评价

教师可参考表 2-1 对各小组在“我身边的劳动者”主题采访活动中的表现进行评价。

表 2-1 “我身边的劳动者”主题采访活动各小组表现评价表

评价标准	分值	分数小计	教师评价
各成员均积极参与、分工明确	25 分		
采访计划设计完善、实施顺畅	25 分		
采访问题贴近实际，加深了小组成员对职业道德的理解	20 分		
PPT 主题突出、内容翔实、样式美观	30 分		

第二节

领悟和践行职业道德规范

思维导图

- 领悟和践行职业道德规范
  - 职业道德的主要内容
    - 爱岗敬业
    - 诚实守信
    - 办事公道
    - 热情服务
    - 奉献社会
  - 参加职业道德实践
    - 珍惜实训和实习机会
    - 积极体验职业生活

生活感悟

一、在工作中做一个好建设者

“我们吃的是这碗饭，沾着泥巴、夹着雨水，职责就是坚守好岗位，保障公司动能正常运行。”詹师傅说。自 1994 年退伍后分配到中航工业××飞机工业（集团）有限责任公司某车间以来，詹师傅从事动力设备维修保养和各类管道技改安装、维修工作已经几十年了。

“保障动能，尽我所能”是詹师傅工作时的口头禅。2021 年，他自主发现并修理管道故障 60 余次，避免了动能浪费，用实际行动为公司创效。在抢修现场，作为工段长的他常常不顾困难和危险，冲锋在前，带领团队成员快速排除故障。

多年来，詹师傅在工作中勤于钻研、勇于创新，在工艺流程、作业技巧、改进改善等多方面不断琢磨，通过实践总结了一系列的精优作业法。

活塞式空压机的主要作用是生产压缩空气，针对空压机排气量不足，给热压罐生产带来不利影响这个问题，詹师傅带领团队成员认真分析，发现在加工过程中，多台设备同时工作造成储气罐打压时间延长，无法满足升压速率的要求。为此，詹师傅和团队成员结合实际制订了一系列改善方案。改善后，空压机排气量提升，系统运行稳定，升压速率大大提高，同时也解决了热压罐内压力无法保持恒定而造成的产品加工难题。

2021 年，詹师傅提出 15 项改进改善提案，其中一项为公司级改善。他带领的工段全年提出改进改善提案 123 项，极大地提升了工作质量及效率。

动能保障具有特殊性，工作日期间必须确保动能保障可靠，为此利用节假日开展维修保养成为詹师傅的“家常便饭”。詹师傅所在的水暖工段现有员工 12 人，2021 年共完成隐患故障处理 455 项，全体成员加班累计超 4 000 小时。作为工段长，詹师傅遇到困难总是冲锋在前，始终坚持执行第一、精益求精，在平凡的岗位上用自身作风影响和带动着身边的工友。他用奉献践行着职业道德规范，并表示“虽然工作辛苦，但乐在其中”。

【简析】热情服务、奉献社会是职业道德的基本内容和重要体现。

【感悟】结合材料，谈谈你对热情服务、奉献社会的意义的理解和体会。

二、要全心全意地热爱你的工作

小李毕业后，几乎每隔一段时间都要换一份工作：先是在一家公司做行政管理；一年后，他看到保健品行业火热，就通过应聘到一家保健品公司当推销员，没过多久，又被同学拉去了一家营销策划公司；一年后，他接受了一家初创服装设计公司的邀请，入职了这家公司，可没到半年，公司发展停滞，生意惨淡，小李只好跳槽去了一家保险公司，可保险业务并不如他想象得那么好做……就这样，小李频繁跳槽，至今一事无成。

【简析】爱岗敬业是决定个人事业成败和成就大小的重要因素。

【感悟】你觉得小李至今一事无成的原因是什么，以及如何去补救。

知识检测训练

一、单项选择题（下列各题的4个选项中，只有1项是符合题意的）

1. 下列关于爱岗敬业的说法中，正确的是（　　）。

A. 要做到爱岗敬业，就必须一辈子在一个岗位上无私奉献

B. 当前市场鼓励人才流动，爱岗敬业已不再符合时代发展需要

C. 任何时代都应当提倡“干一行、爱一行、专一行”的职业态度

D. 现实中，“爱岗敬业”的观念极大地阻碍了人们的择业自由

2. 每个从业人员都要遵守职业道德。例如，从业人员在职业工作中要做到表里如一、言行一致、说到做到。这属于职业道德中的（　　）。

A. 爱岗敬业　　B. 诚实守信

C. 办事公道　　D. 热情服务

3．下列职业与职业道德的对应关系中，错误的是（　　）。

A．警察—文明执法　　B．医生—救死扶伤

C．导游—安全生产　　D．导购—微笑沟通

4．下列成语中，能体现办事公道的是（　　）。

A．一视同仁　　B．厚此薄彼

C．偏听偏信　　D．亲疏有别

5．（　　）是指从业人员能以精益求精的态度对待工作，并能做到追求卓越，不断创新，争创一流。

A．乐业　　B．勤业

C．兴业　　D．精业

6．下列成语中，不属于提倡诚实守信的是（　　）。

A．一诺千金　　B．表里如一

C．以理服人　　D．言而有信

7．“一口清”“一抓准”“活地图”“问不倒”主要体现（　　）的职业道德。

A．爱岗敬业　　B．诚实守信

C．办事公道　　D．奉献社会

8．马某是××市××路派出所的社区民警。2008 年，马某从部队转业，成为一名光荣的人民警察。工作期间，他用脚步量遍了辖区的每一寸土地，奔忙在片区的 7 000 余户家庭。在社区居民的眼中，马某是“社区管家”，是“热心肠”。14 年来，他先后为社区居民做好事 4 840 余件，长期帮扶困难家庭 40 余户，救助危难群众 30 余人次，调解矛盾纠纷 2 750 余件，他还是辖区 45 位孤寡老人的“儿子”……从马某的感人事迹中，我们最能体会到他（　　）的职业道德。

A．爱岗敬业　　B．办事公道

C．奉献社会　　D．热情服务

9．某顾客在商场挑选商品时花了很长时间，仍然犹豫不决。下列售货员的回复中，最符合“热情服务”这一职业道德的是（　　）。

A．还没选好吗？要不就拿您手里的这件吧！

B．请问您需要什么样的商品呢？我帮您一起挑可以吗？

C．这里还有其他顾客，要不您先去看看别家的吧！

D．所有商品质量都一样好，没必要挑来挑去！

10．下列关于诚实守信的说法中，正确的是（　　）。

A．诚实守信仅适用于传统社会，不适用于现代社会

B．诚实守信通常对企业不利，但对社会有利

C．诚实守信的企业在市场中容易失去经济利益

D．诚实守信既是对从业人员的道德要求，又是做人的基本准则

11．（　　）是指从业人员坚守原则和底线，始终按章办事，始终刚正不阿。

A．爱岗敬业　　B．诚实守信

C．办事公道　　D．热情服务

12．下列选项中，能体现办事公道的是（　　）。

A．顾全大局，一切服从上级　　B．大公无私，拒绝亲属求助

C．任人唯亲，努力培植亲信　　D．坚持原则，不计个人得失

13．社会主义职业道德最高层次的要求是（　　）。

A．奉献社会　　B．办事公道

C．爱岗敬业　　D．热情服务

14．下列说法中，错误的是（　　）。

A．从业人员要注意增强职业道德意识，在工作中做一个合格的建设者

B．从业人员需要将职业道德与个人品德、社会公德等完全区分开来

C．从业人员应在整个职业生涯中始终积极践行职业道德规范

D．从业人员要将践行职业道德规范与提升职业技能水平放在同等重要的位置上

15．下列选项中，不属于中职学生践行职业道德规范的方法的是（　　）。

A．学习职业道德知识，养成遵守职业道德规范的习惯

B．积极参加学校组织的企业参观和实训，珍惜实习机会

C．立志在工作岗位中努力做一名合格的建设者

D．只重视实践，不重视理论，积极寻找实习机会

二、多项选择题（下列各题的4个选项中，至少有2项是符合题意的）

1．下列选项中，属于职业道德的主要内容的有（　　）。

A．爱岗敬业　　B．尊老爱幼

C．文明礼貌　　D．办事公道

2．如今，我国经济正飞速发展，社会上也出现了越来越多的就业机会。对此，你认为可取的做法有（　　）。

A．一有机会就转行，多学习不同行业的知识

B．树立“干一行、爱一行、专一行”的观念

C．可以转行，但不要盲目，更不要随波逐流

D．干一行就要干到底，否则就是不遵守职业道德

3．下列做法中，违背“办事公道”这一职业道德的有（　　）。

A．火车站在售票厅设立军人优先购票窗口

B．某商场员工只热情接待老客户、大客户

C．公共汽车上为老弱病残孕乘客设置专座

D．无论何种职业，女职工的工作量必须和男职工一样

4．下列做法中，违背“诚实守信”这一职业道德的有（　　）。

A．某公司员工对外严格保守公司秘密

B．为了赢得口碑，售卖质量远高于市场要求的商品

C．派员工到竞争对手内部当卧底，增强竞争优势

D．在内部为同一产品生产出质量参差不齐的版本

5．小李经营着一家餐厅，常年门庭若市，顾客络绎不绝。他的餐厅菜品丰富，味道好，价格公道，服务人员彬彬有礼，服务周到。此外，小李还在餐厅中设置了爱心角，里面常年备着矿泉水、雨伞、打气筒和药品等物品供需要的顾客免费使用。小李的餐厅之所以生意兴隆，是因为他和餐厅的员工具有（　　）的职业道德。

A．爱岗敬业　　B．诚实守信

C．热情服务　　D．奉献社会

三、简答题

1．简述乐业、勤业、精业的含义及其与爱岗敬业的关系。

2．如何做到办事公道？

3．简述中职学生践行职业道德规范的方法。

四、分析题

1．小康毕业后，入职了一家快递公司，负责收发快递的工作。刚开始，小康对工作环境和工作内容都感到新鲜，做得津津有味，但随着时间的推移，工作带来的新鲜感慢慢消失了，小康也开始厌倦自己的工作。经理见状，建议他换一种方式——用“心”去工作，与客户分享快乐。于是，他在纸条上写上笑话、祝福语、天气预报等，并把这些纸条贴在快递上。客户收到快递后看到这些纸条，都十分高兴，并由衷地向他表示感谢，而小康也从中重新感受到了工作的乐趣。

（1）有人说“要做自己喜欢的事”，也有人说“要喜欢自己做的事”。你赞同哪一种说法？为什么？

（2）你从小康的职业经历中获得了哪些启示？

2．在高速公路上，一辆旅游大巴车欢快地行驶着。车厢里坐着来自全国各地的游客，接待他们的导游不仅声音洪亮、性格爽朗，而且能歌善舞、多才多艺，在导游热情话语的感染下，车上的游客们脸上都洋溢着灿烂的笑容。

突然，旅游大巴车遭遇了一场车祸，原本充满欢声笑语的车厢顿时陷入了极度的恐慌之中。旅游大巴车被撞得严重变形，导游被压在座位最前方，车内乱作一团。危急时刻，车厢里传来导游“挺住！加油！”的鼓励声。这个声音虽然微弱，却透着一股沉稳和坚定，像黑暗中的一束光，让游客们从惊恐万状中平复下来，看到了希望。事后，许多游客都说，正是导游微弱而坚定的声音，给了自己支撑下去的勇气。

其实，在这起重大交通事故中，导游伤得很重，但重伤的她一直牢记着自己的神圣职责。当施救人员一次次向她走过来时，她总是吃力地摇摇头说：“我是导游，我没事，请先救游客！”在长达两个多小时的救援时间里，她多次昏迷，但只要一醒过来，就不停地为大家鼓劲、加油。等所有游客安全转移后，导游最后一个被救出，此时的她全身有多处骨折，体力严重透支，却仍在用虚弱的声音询问自己负责的游客是否安全。

（1）请从职业道德的角度分析该导游的行为。

（2）该导游的行为对你有什么启发？

五、实践题

在每次的全国道德模范颁奖仪式上，我们总能看到这样一种人：他们在平凡的岗位上兢兢业业，辛勤付出，努力在工作中做一个合格的建设者；他们保质保量地完成工作任务，数十年如一日地默默坚持，最终成为行业楷模和整个社会学习的榜样。他们也许并不会整天将职业道德挂在嘴边，但却是职业道德最忠实的践行者。请同学们以小组为单位，先利用课余时间收集全国道德模范的相关资料，重点整理积极践行职业道德规范的全国道德模范的光荣事迹，然后举办一次主题班会，各组将自己收集到的资料向全班同学展示。

班会结束后，请以“干一行、爱一行、专一行”为题写一篇演讲稿。

实践体验活动

“诚信”主题辩论赛

诚信即诚实守信，它不仅是职业道德的基本内容，而且是中华民族的传统美德。随着经济社会的快速发展，人们围绕“诚信”这一话题展开了一轮又一轮的讨论。例如，有人认为，诚信是个人和企业在社会中立足的基石，无论何时，无论何地，人们都要百分百地坚守诚信；有人则认为，诚信不是认死理，某些情况下，诚信也可以打折扣。

根据上述例子，可以得到以下辩题。请根据该辩题，以班级为单位组织一场辩论赛。

正方：任何情况下，诚信都要做到百分百。

反方：某些情况下，诚信也可以打折扣。

将班里所有的学生分成四组，每组选出一名组长和四名辩手，由组长抽签决定正反方，四组按正反方依次开展两场辩论赛，未参与当场辩论赛的其他组成员担任观众，并在辩论结束后投票选出获胜组。

提示：辩论赛开始前，组长、辩手和组员要积极讨论，提出观点，并准备辩论赛的资料。

过程记录

活动开展计划：

活动开展关键点：

材料准备的难点及解决方案：

心得体会：

活动评价

教师可参考表 2-2 对各小组在“诚信”主题辩论赛中的表现进行评价。

表 2-2　“诚信”主题辩论赛各小组表现评价表

评价标准	分值	分数小计	教师评价
各成员均积极参与讨论和准备工作	25 分		
辩论材料准备充分	25 分		
辩论论据充分，论证合理	25 分		
辩手语言流畅、逻辑通顺、观点鲜明	15 分		
辩论赛获胜	5 分		
投票时公平公正，不作弊	5 分		

第三节

弘扬劳动精神、劳模精神和工匠精神

思维导图

- 弘扬劳动精神、劳模精神和工匠精神
  - 领悟劳动精神、劳模精神和工匠精神
    - 劳动精神、劳模精神和工匠精神的内涵
    - 新时代弘扬劳动精神、劳模精神和工匠精神的意义
  - 做劳动精神、劳模精神和工匠精神的践行者
    - 做劳动精神的践行者
    - 做劳模精神的践行者
    - 做工匠精神的践行者

生活感悟

一、劳动是创造价值的唯一源泉

今天的我们已经习惯了动动手指就能点外卖、购买商品、控制扫地机器人打扫卫生……难道我们已经可以不用劳动了吗？不是的。虽然产业结构不断发生变化，社会分工越来越细化，但“劳动是创造价值的唯一源泉”这一真理始终不会改变。一部纪录片曾记录下这样的数字：在中国，每过一分钟，复兴号前进 5 833 米，快递员收发 7.6 万件快递，移动支付金额达 3.79 亿元……我国经济从高速增长进入高质量发展阶段，需要更多知识型、技能型、创新型劳动者，这也为劳动者、奋斗者实现出彩的人生提供了广阔舞台。

【简析】劳动是一切物质财富和精神财富的源泉，人世间的一切幸福也都需要靠辛勤的劳动来创造。因此，全社会都应崇尚劳动、尊重劳动。

【感悟】请结合生活实际，谈谈你对劳动的理解。

二、发挥劳模作用，弘扬劳模精神

中华人民共和国成立以来，成千上万的劳动模范在平凡的岗位上做出了不平凡的贡献。“时代楷模”陈某，多方奔走筹款改善交通环境，授课演讲 3 000 余场，为社会普及法律和公益知识；“痴心一片终不悔，只为桃李竞相开”的全国教书育人楷模徐某，在三尺讲台上默默谱写着季节的春华秋实，诠释为人师者的责任；“心里放不下，担子不重责任重”的邮递员赵某，除完成本职工作外，十几年来靠一条扁担扛起了家乡数千名百姓生活必需品的“半壁江山”……这些劳模用执着坚守、甘于奉献的高尚情操，谱写了一首首动人心魄、净化心灵的生命诗篇。

【简析】劳动模范是劳动者的杰出代表，是坚持中国道路、弘扬中国精神、凝聚中国力量的楷模，他们以高度的主人翁意识和责任感、卓越的劳动创造、忘我的拼搏奉献，为全国各族人民树立了学习的榜样。

【感悟】劳模精神是时代的宝贵财富，谈谈你打算如何向劳模学习。

知识检测训练

一、单项选择题（下列各题的4个选项中，只有1项是符合题意的）

1.“劳动创造幸福，实干成就伟业。”下列关于劳动和劳动者的说法中，错误的是（　　）。

A．劳动最光荣，劳动没有高低贵贱之分

B．辛勤的劳动是世间一切幸福的来源

C．一个人只有通过劳动才能找到人生的价值

D．比起普通劳动，创新性质的劳动更有价值

2．下列说法中，错误的是（　　）。

A．在我国，劳动既是公民的权利，又是公民的义务

B．劳动者就业前通常需要参加必要的劳动就业培训

C．公益劳动和义务劳动是针对每个公民的强制性劳动

D．无论在什么时代，劳动的本质都是为人民服务

3．（　　）是劳动者为创造美好幸福生活而在奋斗过程中秉持的基本态度、价值理念及其展现出来的精神风貌。

A．劳动精神　　　　B．劳模精神

C．工匠精神　　　　D．民族精神

4．在学生中弘扬劳动精神，可以使学生（　　）。

① 以脑力劳动为荣

② 尊重劳动、尊重劳动者

③ 养成劳动习惯

④ 立志成为高级劳动者

A．①②　　B．②③　　C．③④　　D．①④

5．长期以来，广大劳模以平凡的劳动创造了不平凡的业绩，铸就了劳模精神，丰富了民族精神和时代精神的内涵，这是我们极为宝贵的精神财富。劳模精神的内涵不包括（　　）。

A．爱岗敬业、争创一流　　B．艰苦奋斗、勇于创新

C．卧薪尝胆、发愤图强　　D．淡泊名利、甘于奉献

6．工匠精神的内涵通常不包括（　　）。

A．执着专注　　B．精益求精

C．艰苦卓绝　　D．追求卓越

7．下列关于践行劳动精神、劳模精神和工匠精神的说法中，错误的是（　　）。

A．要成为大国工匠，必须不拘小节，不能纠结于小事

B．要全身心投入工作中，踏实肯干，勤学好问

C．要将做好工作视作毕生追求的崇高事业

D．反对投机取巧、奢靡享乐、不劳而获等歪风邪气

8．新时代弘扬劳模精神的意义通常不包括（　　）。

A．营造劳动光荣、知识崇高、人才宝贵、创造伟大的社会风尚

B．为全国各族人民树立光辉的学习榜样

C．推动更多劳动模范和先进工作者竞相涌现

D．提高全国各族人民的科学文化修养

9．以下先进人物的光荣事迹中，不主要体现劳模精神的是（　　）。

A．用自己身体制伏井喷的石油工人“铁人”王进喜

B．坚守岗位 32 年的“马班邮路”忠诚信使王顺友

C．“八一勋章”获得者，“三探苍穹”的宇航员聂海胜

D．攻克港口门机多项技术难关的“蓝领专家”孔祥瑞

10．党的二十大报告指出，在全社会弘扬（　　）、奋斗精神、奉献精神、创造精神、勤俭节约精神，培育时代新风新貌。

A．吃苦精神　　B．劳动精神

C．专研精神　　D．敬业精神

11．下列活动中，不以“弘扬劳动精神、劳模精神和工匠精神”为主题的是（　　）。

A．“学习劳模精神”演讲大赛　　B．“我身边的最美劳动者”手抄报展览

C．“大国工匠”先进事迹宣讲会　　D．“新征程，学雷锋，做好事”活动周

12．下列说法中，错误的是（　　）。

A．劳动模范是新时代的概念　　B．劳动模范是共和国的功臣

C．劳模精神具有传承性　　D．劳模精神与劳动精神相得益彰

13．下列选项中，不属于社会对劳动的共识的是（　　）。

A．劳动最光荣　　B．劳动最崇高

C．劳动最伟大　　D．劳动最辛苦

14．作为劳动者，必须正确理解个人利益、集体利益与国家利益之间的关系。下面说法中，正确的是（　　）。

A．一般来说，个人利益高于集体利益和国家利益

B．个人利益与集体利益和国家利益之间通常是冲突的

C．个人利益的取得往往要损害集体利益和国家利益

D．国家利益属于整体利益，高于集体利益和个人利益

15．下列关于工匠精神的说法中，错误的是（　　）。

A．普通劳动者身上通常无法体现出工匠精神

B．工匠精神是民族精神的重要组成部分

C．全神贯注将本职工作做好，就是一种工匠精神

D．工匠精神强调精益求精、持之以恒、用心打磨

二、多项选择题（下列各题的4个选项中，至少有2项是符合题意的）

1．下列对劳动的表述中，正确的是（　　）。

A．劳动是财富的源泉，也是幸福的源泉

B．人世间的美好梦想，只有通过劳动才能实现

C．发展中的各种难题，只有通过劳动才能破解

D．生命里的一切辉煌，只有通过劳动才能铸就

2．下列关于劳动精神的说法中，正确的是（　　）。

A．劳动精神的内涵缺一不可

B．劳动精神以爱国主义为核心

C．劳动精神与劳模精神截然不同

D．劳动精神是工人阶级特有的精神

3．大力弘扬劳动精神、劳模精神和工匠精神，有助于（　　）。

A．激发全国各族人民的劳动热情

B．引导广大劳动者树立正确的劳动理念

C．培养更多高素质劳动者

D．进一步推进全面依法治国基本方略实施

4．劳动最光荣，全社会都应该尊重劳模、关心劳模、学习劳模，弘扬劳模精神，让诚实劳动、勤勉工作蔚然成风。要更好地弘扬劳模精神，就要（　　）。

A．激励劳动者向劳模学习，走技能报国之路

B．赋予劳模应有的荣誉、待遇和地位

C．推动全社会进一步尊重劳模、关心劳模

D．降低劳模评选标准，提高劳模的岗位比例

5．下列说法中，能体现工匠精神内涵的有（　　）。

A．择一事终一生　　　　B．偏毫厘不敢安

C．千万锤成一器　　　　D．敢拼搏不言败

三、简答题

1．什么是劳动精神？

2．劳模精神的内涵有哪些？

3．工匠精神的内涵有哪些？

4．新时代大力弘扬劳动精神、劳模精神和工匠精神有哪些重要意义？

四、分析题

材料一：39岁的余某，2008年进入某汽车公司，在涂装车间做设备维护工。涂装车间的工作环境非常闷热，夏季时能达到40℃～50℃，而余某却十几年如一日，有时连续工作十几个小时。和他一起进入车间的有10余名“80后”，不少人选择了离开，唯有他坚持留了下来。10多年间，余某从一名普通的维修工，变成了公司的技术骨干，并先后获得了市劳模、全国五一劳动奖章等多项荣誉。

材料二：吕某现任××市某中心商店客服中心党支部书记，她曾先后获得全国五一劳动奖章、省劳模等荣誉。1997年9月，19岁的吕某走上工作岗位，在精品女鞋区一干就是20多个年头。为了提高业务水平，她自费到生产厂家当学徒，练就了一套“眼看手触”的硬本领；跟着医生学习人体脚部生理结构，“双脚的52块脚骨、66个穴位、72个反射区……”她烂熟于心。正是凭着这股认真劲，那时候的她每天的销售额总是比别人高20%以上，年业绩占该品牌全市总额的40%，并且她的顾客三成都是回头客。

上述材料中的两位主人公，在各自平凡的工作岗位上成为行业标兵，并获得劳模和全国五一劳动奖章等荣誉。他们获此殊荣的原因是什么？

五、实践题

全班开展一场劳动模范故事分享会，搜集、分享当代劳动模范的先进事迹和感人故事，讨论他们身上有哪些杰出的品质值得我们学习。活动结束后，每人写一篇参与此次分享会的心得体会，并评选出优秀的心得体会张贴在班级宣传栏进行交流。

实践体验活动

演绎劳模故事，传承劳模精神

每个时代、每个行业都有劳模，他们艰苦奋斗、无私奉献、勇于创新，用劳模精神激励着一代又一代劳动者为祖国的繁荣富强而拼搏、奋斗。

请以小组（8～10 人）为单位，围绕各行各业的劳模事迹举办“劳模故事小剧场”，演绎他们的故事，感受、传承并弘扬他们所体现的劳模精神。

提示：演绎时可以有旁白、配乐、道具等。

过程记录

演绎的计划：

演绎的关键点：

演绎的难点及解决方案：

心得体会：

活动评价

教师可参考表 2-3 对学生在“演绎劳模故事，传承劳模精神”活动中的表现进行评价。

表 2-3 “演绎劳模故事，传承劳模精神”活动表现评价表

评价标准	分值	分数小计	教师评价
各成员均积极参与	30 分		
演绎的故事典型、真实，充分体现了劳模精神	30 分		
精神饱满、表情丰富、举止自然、演绎传神、感染力强	40 分		

第四节

提升职业道德境界

思维导图

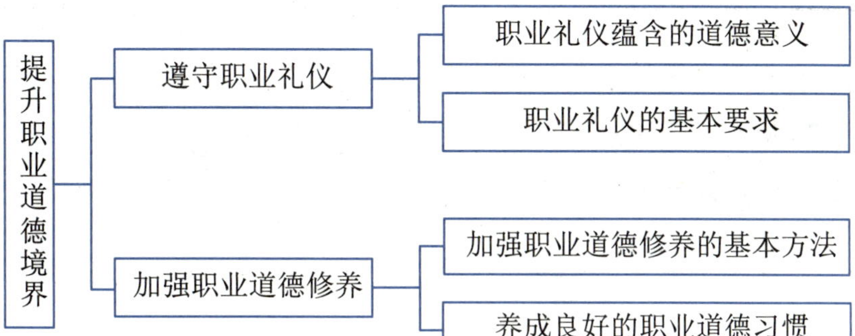

生活感悟

一、用出色的职业礼仪让顾客满意

小夏是某商场男装店的一名导购员。一天，店里来了一位老大爷，小夏立刻迎了上去，亲切地询问大爷的购衣需求。得知大爷想买裤子后，小夏热情地接待了他：先拿来了凳子让大爷坐下，然后又将适合大爷的裤子一一拿到大爷面前供其挑选，并帮助大爷一一试穿，但大爷只是笑着试穿，并没有表示要购买。小夏自始至终都保持微笑，耐心、详细地回答大爷的每一个问题。

在试过十几条裤子后，大爷问小夏："小伙子，我试了这么多条裤子，要是别人估计早就不耐烦了，你却还能这么热情地招待我，我非常高兴。可是，你难道就不怕我一条裤子都不买吗？"小夏听后，笑着对大爷说："没事的，大爷，您买不买都没关系，只要是来店里的顾客，我们都会热情招待，因为让顾客满意是我们最大的心愿！"

大爷听后，满意地点了点头，并起身指着两条刚刚试过的裤子说："孩子，这两条裤子我买了，帮我开票吧！我今天去了好几家店铺，就数你们这儿的服务最让我满意，你不但不嫌我麻烦，还像家人一样对待我，让我感到很暖心！以后，我买衣服一定还来这儿，一定还找你！"

【简析】上述案例中的导购员小夏对客人彬彬有礼、热情耐心，最终以出色的职业礼仪修养获得了客人的好评和青睐。

【感悟】谈谈自己对上面案例的感受，以及对职业礼仪和职业形象之间关系的认识。

二、把焊接技术做到极致

小王初中毕业后，决定到当地的中国××高级技工学校学一门手艺。在选择专业时，小王得知学校教师周某从一名普通工人干起，一步步成长为焊接领域的领军人物后，非常敬佩他，当即决定学习焊接技术，并把周某当作学习的榜样："我要像周老师那样，把焊接技术做到极致！"

在学校里，小王勤学苦练，很快就成了班里的尖子生。后来，小王参加了第42届世界技能大赛，并取得了焊接项目第五名的好成绩，几个月之后，头顶多项荣誉的小王入职了中国××集团设备结构有限公司。

对于这份工作，小王原本信心满满，但在开展项目工作时，由于缺乏实际工作经验，他焊接的产品质检没有过关。面对挫折，小王没有气馁，而是痛定思痛，立即开始反思自己的问题。他先是对照国际标准仔细检查自己所焊接的产品，寻找两者的差距，总结问题的原因；然后主动向生产技术部、质检部技术员和有多年工作经验的老焊工师傅请教，并反复利用废旧材料进行焊接实操练习。经过刻苦练习，小王再次焊接出来的产品全部通过了质检。

如今，小王早已成为行业老手和行家，他制作和指导制作的钢结构产品的合格率近100%，他凭借精湛的技术得到了客户、上级和同事的一致认可。

【简析】小王在学校努力学习技能知识，并把行业楷模当作榜样。在工作中遇到问题时，他能及时反思自己的问题，寻找差距并调整心态，最后高标准完成了工作任务。

【感悟】你觉得小王是如何提升自己的职业道德修养的，谈谈自己的感受。

知识检测训练

一、单项选择题（下列各题的4个选项中，只有1项是符合题意的）

1．下列谚语中，不属于提倡礼仪的是（　　）。

A．书中自有黄金屋，书中自有颜如玉

B．良言一句三冬暖，恶语伤人六月寒

C．行谨，则能坚其志；言谨，则能崇其德

D．爱人者，人恒爱之；敬人者，人恒敬之

2．（　　）不仅可以帮助从业人员将职业道德牢记于心，而且可以帮助从业人员将职业道德付诸行动。

A．校园礼仪　　B．传统礼仪

C．职业礼仪　　D．社交礼仪

3．下列关于职业礼仪的说法中，错误的是（　　）。

A．职业礼仪是礼仪在职场中的延伸

B．职业礼仪是职业道德的外化表现

C．职业礼仪是全世界、全行业通用的礼仪

D．职业礼仪能够体现出从业人员的教养

4．下列选项中，不属于职业礼仪对从业人员的基本要求的是（　　）。

A．仪容仪表端庄　　B．职业用语文明

C．行为举止得体　　D．办事大刀阔斧

5．某营业员在超市柜台工作，有一天，他给一位顾客结账找零时少找了5元钱。顾客指出后，不符合职业礼仪的做法是（　　）。

A．虚心接受　　B．委婉否认

C．及时补齐　　D．恳切道歉

6．下列行为中，不符合办公室的职业礼仪的是（　　）。

A．与同事早上见面时相互问候，下班时相互道别

B．见到同事或来访者时，面带微笑打招呼

C．始终保持自己的办公桌干净整洁

D．午休时间与某位同事在工位上闲聊

7. 俗话说："站有站相，坐有坐相。"这句话强调了一个人行为举止得体的重要性。下列图片中，符合这句话的是（　　）。

A. 

B. 

C. 

D. 

8. 下列关于职业道德修养的说法中，错误的是（　　）。

A. 从业人员应始终坚持加强自身职业道德修养

B. 职业道德修养的提升需要从业人员长期坚持

C. 职业道德修养是个人道德修养的重要组成部分

D. 职业道德修养提升的前提是具有丰富的知识储备

9.（　　）就是要以职业道德规范为准则，以品德高尚的人为榜样，客观反省自己的不足，努力改正错误，不断寻求进步。

A. 内省　　B. 慎独　　C. 改过　　D. 知耻

10.（　　）就是即使在没有外界监督的情况下，也要守住自身的道德底线，不做不利于国家、社会或他人的事。

A. 内省　　B. 慎独　　C. 改过　　D. 知耻

11. 下列古语中，不属于提升职业道德修养的方法的是（　　）。

A. 吾日三省吾身：为人谋而不忠乎？与朋友交而不信乎？传不习乎？

B. 见贤思齐焉，见不贤而内自省也

C. 内不欺己，外不欺人，上不欺天，君子所以慎独

D. 发愤忘食，乐以忘忧，不知老之将至云尔

12. 一般来说，职业道德修养的提升是一个（　　）的过程。

A. 一鸣惊人　　B. 一蹴而就　　C. 循序渐进　　D. 日新月异

13. 下列选项中，无法帮助从业人员养成良好职业道德习惯的是（　　）。

A. 虚心好学，向身边优秀的职业道德模范学习

B. 从小事做起，从点滴做起，从细节做起

C. 在工作中时时做到爱岗敬业、认真负责、恪尽职守

D. 不断更换工作岗位，锻炼自己的综合素质和随机应变能力

14. 在各行各业，优秀前辈和楷模的先进事迹能生动地体现职业道德的特点和要求，并从不同侧面把职业道德原则和职业道德规范具体化、形象化。因此，从业人员要（　　），以提升自身的职业道德修养和境界。

A. 时刻跟在优秀前辈和楷模周围，寸步不离

B. 模仿优秀前辈和楷模在日常生活中的言谈举止

C. 学习优秀前辈和楷模长期工作形成的先进思想

D. 拍摄优秀前辈和楷模在工作岗位上的飒爽英姿

15. 涵养职业道德通常无法（　　）。

A. 调节从业人员与服务对象之间的关系

B. 促进企业发展，提高行业信誉

C. 提高全社会的道德水平

D. 改变企业和行业的盈利模式

二、多项选择题（下列各题的4个选项中，至少有2项是符合题意的）

1. 小程从某职业学校毕业后，到当地一家电子商务公司担任语音客服人员，在接受入职培训时，培训老师提到，客服人员在与客户通话时，应该（　　）。

A. 语音柔和　　B. 多用否定或质疑的语气

C. 语速较快　　D. 多用商量或询问的语气

2. 小芳就读于某职业学校的导游服务专业，毕业后，她四处投递简历，不久就收到了当地一家知名度较高的旅行社的面试邀请。小芳非常重视这次面试，为确保面试顺利，她在仪容仪表方面应该（　　）。

A. 佩戴大量首饰，衣着前卫华丽

B. 注意面部清洁，将头发梳理整齐

C. 着正装，切忌穿着随意、暴露

D. 穿着正式的皮鞋或布鞋，不宜穿凉鞋

3. 小丽是一家服装店的导购员，她待人彬彬有礼，服务周到，给新老顾客留下了深刻的印象。很快，这家服装店因“服务至上”而在当地出名，在群众间有口皆碑。小丽因此得到了店长和其他员工的一致好评，成为大家工作中的榜样。在她的带领下，大家在工作中干得越来越有劲。以上事例体现了（　　）。

A. 遵守职业礼仪有助于树立行业形象

B. 遵守职业礼仪有助于得到顾客认可

C. 遵守职业礼仪有助于提高员工工作热情

D. 遵守职业礼仪有助于改变行业发展趋势

4．在下列行为中，不利于职业道德养成的有（　　）。

A．导购员向顾客热情介绍店内的新款产品

B．超市收银员拒绝顾客使用现金支付

C．产品顾问耐心解答顾客的疑问

D．售货员出售给顾客的商品缺斤短两

5．对于从业人员来说，要提高自身的职业道德修养，就必须学习身边优秀同行所具备的（　　）。

A．良好的职业道德品质　　　B．先进的思想观念

C．高超的职业技能　　　　　D．认真的做事理念

三、简答题

1．什么是职业礼仪？其基本要求有哪些？

2．职业礼仪蕴含的道德意义有哪些？

3．加强职业道德修养的基本方法有哪些？

四、分析题

1.“把自己当成一名旅客”是某国际机场航站楼旅客服务中心几名员工的工作座右铭，为方便旅客便捷享受航站楼内的服务，这几名员工经常会实地感受一番：行李手推车是旅客使用频率较高的工具，为完善航站楼旅客服务，他们多次去航站楼内外“踩点”，感受旅客的服务需要，用心记下在哪儿用车的旅客比较多，在哪儿放置、怎样放置手推车能更方便旅客提取和使用，以及每个地点放置多少辆车比较合适等。他们说，虽然这些工作琐碎，可细节决定成败，因为航站楼的服务工作代表着机场的形象。

职业礼仪有什么重要作用？请结合上述案例谈谈自己的看法。

2. 一位外商到中国××集团实地参观后，对集团的硬件设施非常满意，并表达了合作意愿。出于第一次合作的谨慎考虑，这位外商的订单量并不大，并强调一定要按期完成生产任务。

××集团如期完成了生产任务，正准备将货海运到外商所在地时，不巧遇上了台风，等台风过后，离交货期只剩两天，已无法如期将货物送到外商手中。本来按照合同，因不可抗力因素而无法按时交货时，××集团可以不负责任。考虑到货物迟到几天可能会给对方造成损失，××集团决定把货物空运到外商所在地。海运改为空运，××集团的运输成本无疑会大大增加，但是本着诚实守信、认真负责的态度，××集团通过空运将货物如期交付给了外商。

外商知道这个“小插曲”后十分感动，非常认同××集团这种诚信负责的做法。“投我以桃，报之以李。”这位外商把接下来的几份大订单都放心地交给了××集团，从此双方建立了长期稳定的合作关系。

请结合上述案例，谈谈职业道德与企业信誉和企业发展之间有什么关系。

五、实践题

1. 在职场礼仪中，行为举止具有十分重要的作用。请按照下列方法进行行为举止训练。

（1）站姿训练。

顶书训练法：把书本放在头顶中心，头部、身体保持平衡，确保书本不滑落下来。这种训练方法可以纠正低头、仰脸、头歪、肩斜及左顾右盼的毛病。

每次站姿训练应控制在20～30分钟。训练时最好配上轻松愉快的音乐，既可以调整心境，又可以消除训练的枯燥感，减轻疲劳感。

（2）坐姿训练。

坐姿的基本要领：面带微笑，双目平视，嘴唇微闭，微收下颌，双肩平正放松，两臂自然弯曲放在膝上，立腰、挺胸、上体自然挺直，双膝自然并拢，双腿正放或侧放。

按坐姿基本要领，着重训练腿、胸、头、手等部位。训练时可以配舒缓、优美的音乐，以减轻疲劳感。每天训练一次，每次10分钟左右。

（3）行姿训练。

行姿的规范要求：上身挺直，头正目平，收腹立腰，摆臂自然，步态优美，步伐稳健，动作协调，走成直线。

训练行姿时，可以在地面上画一条直线，行走时双脚内侧踩在线上。若双脚内侧刚好碰到这条线，则证明走路时两只脚几乎在一条直线上。训练时配上行进音乐，音乐节奏以每分钟60拍为宜。

2. 榜样的力量是无穷的，每个人都应该为自己树立职业道德榜样。生活中那些爱岗敬业、自强不息、在平凡岗位上做出非凡业绩的劳动者和管理者都是我们应该尊崇的职业道德榜样。

职业道德榜样与普通人之间的距离并不遥远，他们就在我们身边，需要我们去发现、去寻找、去学习。请寻找身边的职业道德榜样，可以是家人、朋友、学长等，邀请他们分享自己的职业经历和先进事迹，分享完成后，写一篇心得体会。

提示：心得体会的内容可包括职业道德榜样分享的职业经历和先进事迹中最让你感动的片段，从职业道德榜样身上学习到的职业道德品质，以及将这些优秀品质化为己用的计划和方法等。

实践体验活动

“职业礼仪水平提升记”21 天打卡活动

良好的职业礼仪有助于全面提高学生的综合素质，增强人际沟通能力，使学生在社会生活实践乃至今后的职业生涯中，树立良好的职业形象，增强职业竞争力。

请查阅与你所学专业相关的职业礼仪资料，选择你想要掌握的职业礼仪并为其制订 21 天打卡计划，坚持每天打卡并拍照，完成计划后，将每日打卡获得的照片制作成 PPT 或短视频的形式，总结坚持提升职业礼仪水平给自己带来的变化，并与其他同学进行交流和展示。

提示：同学们在打卡期间可以互相监督，互相纠错，以便更好地提升职业礼仪水平。

过程记录

要掌握的职业礼仪：

职业礼仪水平提升计划：

提升职业礼仪水平给自己带来的变化：

活动评价

教师可参考表 2-4 对学生在“职业礼仪水平提升记”21 天打卡活动中的表现进行评价。

表 2-4 “职业礼仪水平提升记”21 天打卡活动学生表现评价表

评价标准	分值	分数小计	教师评价
职业礼仪与所学专业相关	10 分		
制订的提升计划科学合理	10 分		
每天坚持打卡并拍照	30 分		
仪容仪表、职业用语、行为举止等发生显著变化	30 分		
PPT 或短视频制作精美，总结全面，贴合实际	20 分		

第三章

提高法治素养

第一节

坚持全面依法治国

思维导图

- 坚持全面依法治国
  - 我国法治建设取得的辉煌成就
    - 法治护航美好生活
    - 中国特色社会主义法治道路
  - 全面依法治国的重要意义和总目标
    - 全面依法治国的重要意义
    - 全面依法治国的总目标

生活感悟

一、被告山杠爷

有一部电影，名叫《被告山杠爷》。山杠爷是一个偏远山村的当家人，深得村民的拥戴。他用一套独特的村规和传统的道德规范约束村民，将这个山村治理成了有名的模范村。村民不遵守村规时，山杠爷就采取特别的措施。例如，为催在外打工的明喜回家种责任田，山杠爷命令人私拆了明喜写给妻子的信，以证实他的地址；王禄因不按时交公粮，又拒绝受罚，而被山杠爷派来的民兵关押；腊正因带头反对摊款摊劳动力修水库，而被山杠爷当众打了耳光，还被禁止进行党员登记；山杠爷在治理村子的过程中甚至闹出过命案。山杠爷的行为，情有可原，法无可恕。

【简析】山杠爷本是好人，讲道德，受人爱戴，他采取的措施也不是为了谋私，而是为了让村子发展得更好。他虽然有好动机，但以违法的方式处理事情，最终导致了坏的结果。

【感悟】你觉得治理村庄应该以什么为依据，以及山杠爷的教训给了我们什么启示。

二、防汛抗洪

2020 年入汛以来，我国南方地区发生了多轮强降雨，导致多地发生了严重的洪涝灾害。据水利部统计，截至 2020 年 6 月 22 日，全国 16 个省区市 198 条河流发生了超过警戒线的洪水，多于常年同期；重庆綦江上游干流及四川大渡河支流小金川发生了有史以来最严重的洪水灾害。面对严重汛情灾情，应急管理部多次召开调度会，根据《中华人民共和国防洪法》（以下简称《防洪法》）的规定认真分析研判雨情汛情灾情，及时启动应急响应机制，部署消防救援队伍参加抗洪抢险工作并大力宣传《防洪法》，以增强全民的防洪意识，有力地推进了依法防洪、依法治水工作。

【简析】良法是善治之前提。在全面依法治国的大背景下，《防洪法》就是打好防洪救灾硬仗的利器。《防洪法》起到了防治洪水，防御、减轻洪涝灾害，维护人民生命和财产安全的作用。有了《防洪法》，整改安全隐患、严格落实防洪制度、加强应急处置就有了抓手，它切实保障了人民群众的生命和财产安全。

【感悟】你觉得《防洪法》对于推进防汛抗洪工作有什么意义，以及我们能为宣传《防洪法》做些什么。

知识检测训练

一、单项选择题（下列各题的4个选项中，只有1项是符合题意的）

1.（　　）是我国治国理政的基本方式。

A．德治　　B．人治

C．法治　　D．无为而治

2．党的十八大以来，党中央明确提出（　　），并将其纳入“四个全面”战略布局予以有力推进。

A．生活富裕　　B．人民幸福

C．民族振兴　　D．全面依法治国

3．下列关于习近平法治思想的说法中，正确的是（　　）。

A．习近平法治思想深刻回答了新时代为什么实行全面依法治国的问题

B．习近平法治思想不是马克思主义法治理论中国化的最新成果

C．党的十九大明确提出全面依法治国

D．习近平新时代中国特色社会主义思想是习近平法治思想的重要组成部分

4．全面依法治国的根本遵循和行动指南是（　　）。

A．马克思主义法治理论　　B．毛泽东思想

C．法治政府理论　　D．习近平法治思想

5．我国现行宪法是（　　）年颁布的。

A．1954　　B．1975　　C．1978　　D．1982

6．中华人民共和国成立初期，我们党在废除旧法统的同时，积极运用新民主主义（　　）法制建设的成功经验，抓紧建设社会主义法治，初步奠定了社会主义法治的基础。

A．革命时期根据地　　B．资本主义

C．封建社会　　D．专制

7．全面推进依法治国的总目标是（　　）。

A．有法可依、有法必依、执法必严、违法必究

B．建设中国特色社会主义法治体系，建设社会主义法治国家

C．建设社会主义和谐社会

D．建设社会主义法治政府

8．依法治国是党领导人民治理（　　）的基本方略。

A．社会　　B．政权　　C．国家　　D．民生

9.《法治中国建设规划（2020—2025年）》明确，到2025年，党领导全面依法治国体制机制更加健全，以宪法为核心的（　　）更加完备，职责明确、依法行政的政府治理体系日益健全，相互配合、相互制约的司法权运行机制更加科学有效，法治社会建设取得重大进展，党内法规体系更加完善，中国特色社会主义法治体系初步形成。

A．中国特色社会主义司法体系　　B．中国特色社会主义法律体系

C．中国特色社会主义法治体系　　D．中国特色社会主义法制体系

10．下列各项中不属于我国现行法律部门的是（　　）。

A．经济法　　B．刑法

C．行政法　　D．行政法规

二、多项选择题（下列各题的4个选项中，至少有2项是符合题意的）

1．法治与法制的关系表现为（　　）。

A．法制是法治的前提和基础　　B．法治是法制的前提和基础

C．法制是法治的立足点和归宿　　D．法治是法制的立足点和归宿

2．法治对人们生活的影响主要有（　　）。

A．法治保障个人权利和自由　　B．法治提供良好的生活秩序

C．法治要坚持“法律中心主义”　　D．法治实现公平正义

3．关于中国特色社会主义法治道路，下列说法正确的是（　　）。

A．中国特色社会主义法治道路是建设社会主义法治国家的唯一正确道路

B．中国特色社会主义法治道路是世界上最先进最有生命力的法治形态

C．中国特色社会主义法治道路是社会主义法治建设成就和经验的集中体现

D．中国特色社会主义法治道路是全面推进依法治国的正确方向

4．实现全面推进依法治国的总目标，必须坚持的原则有（　　）。

A．坚持中国共产党的领导

B．坚持人民主体地位，坚持法律面前人人平等

C．坚持从中国实际出发

D．坚持依法治国和以德治国相结合

5．全面依法治国是坚持和发展中国特色社会主义的本质要求和重要保障，事关（　　）。

A．我们党执政兴国　　B．社会和谐繁荣

C．人民幸福安康　　D．党和国家事业发展

三、简答题

1．我国法治建设的进程对你有何启示？

2．简述法治与法制之间的联系和区别。

3．习近平新时代中国特色社会主义思想的重要组成部分是什么？它回答了哪些问题？

四、分析题

2019 年 9 月 23 日，中华人民共和国法治建设成就与经验座谈会在北京召开。中共中央政治局委员、中国法学会会长指出，中华人民共和国成立以来，中国共产党团结带领人民开创了社会主义法治新纪元，建成并不断完善以宪法为核心的中国特色社会主义法律体系，坚持依法治国、依法执政、依法行政共同推进，法治国家、法治政府、法治社会一体建设，学法、尊法、守法、用法深入人心，中国特色社会主义法治道路越走越宽广。

结合材料，谈谈中国在构建中国特色社会主义法律体系方面的成就。

五、实践题

我国法治建设的发展历程（见图 3-1），搜集反映我国法治建设发展成就的资料，并制作手抄报，以便进一步了解法治作为国家治理方式的演进过程。

- 1949 年——《中国人民政协商会议共同纲领》颁布，开启法治建设新纪元。
- 1954 年——我国第一部社会主义宪法颁布，初步奠定了我国法治建设的基础。
- 1982 年——现行《中华人民共和国宪法》颁布，奠定了依法治国的基础。
- 1999 年——我国将“依法治国，建设社会主义法治国家”写入宪法，法治建设揭开新篇章。
- 2004 年——我国将“国家尊重和保障人权”写入宪法。
- 2014 年——党的十八届四中全会提出全面推进依法治国，对法治建设作出了全面部署。
- 2018 年——十三届全国人大一次会议通过了宪法修正案，我国宪法进一步完善。
- 2020 年——中央全面依法治国工作会议强调，习近平法治思想是全面依法治国的根本遵循和行动指南。
- 2022 年——党的二十大提出，2035 年基本建成法治国家、法治政府、法治社会。

图 3-1　我国法治建设的发展历程

手抄报制作要求：① 必须是独立完成手抄报的制作；② 分类整理手抄报的制作方案、图片、总结等资料。

实践体验活动

“两国”辩论赛

【导入情境】

远古时候有两个国家，一个叫乐水国，一个叫冷刀国。乐水国以人治国，推崇对人不对事；冷刀国以法治国，推崇对事不对人。乐水国的国民享受人情带来的便利，同时也为仇杀私斗、人人结仇而担忧；冷刀国的国民享受安定的社会生活，同时也感到刑法严苛、饱受压迫。有一天，两国举办了一场辩论赛，辩论的主题是“生活中应该对人不对事，还是对事不对人？”

乐水国辩论队的立场是“生活中应该对人不对事”，他们给出了许多理由。例如，个体之间是有差异的，不能因一件事就否定或者肯定一个人。

冷刀国辩论队的立场是“生活中应该对事不对人”，他们同样给出了许多理由。例如，只有对事不对人，才能避免对少数人的照顾，这才是真正的公平。

【活动形式】

将全班同学分成三组，一组作为观众，另外两组作为两支辩论队。辩论队抽签决定立场。队内成员共同搜集辩论材料，并推选出代表本组参加辩论赛的人员。两队展开辩论，可以灵活采取 2V2、3V3、4V4 等形式，辩论结束后由观众投票，选出获胜队伍，并进行点评（建议从语言表达、逻辑推理、临场反应、整体印象等方面进行点评）。

过程记录

活动开展计划：

活动开展关键点：

活动开展难点及解决方案：

心得体会：

活动评价

教师可参考表 3-1 对辩论赛活动进行评价。

表 3-1 “两国”辩论赛活动评价表

评价标准	分值	分数小计	教师评价
同学们兴趣浓厚，主动参与活动，积极讨论与思考，气氛活跃、融洽	25 分		
辩手和发言同学语言表达流畅、有气势，肢体语言和谐	25 分		
辩论材料准备充分，论据充分，逻辑合理	25 分		
同学们可以将所学知识灵活运用，增强对法治和人治的理解	25 分		

第二节

推进法治中国建设

思维导图

- 推进法治中国建设
  - 依法治国的“新十六字方针”
    - 基本内涵
    - 基本要求
  - 法治中国建设的总体目标
    - 法治国家
    - 法治政府
    - 法治社会

生活感悟

一、房地产开发商对法的漠视

某房地产开发商数年不为业主提供办理房屋产权证书的文件。于是，业主因拿不到房产证而将房地产开发商告上法庭。人民法院经审理作出判决：判令房地产开发商在3个月内为业主提供“办证”的资料，赔偿并支付业主诉讼费共1万余元。但该房地产开发商拒不履行生效的判决，业主申请法院强制执行，这一执行又拖了两年有余。业主给房地产开发商、区人民代表大会常委会领导、区法院执行局领导写过信，给市法院分管执行的领导、市法院执行局领导也写过信，并向市法院两次呈交“执行替办申请书”，但该案仍未执行。

【简析】本案中，法院的判决涉及房地产开发商的守法问题，涉及法院的司法问题，还涉及判决后的执行问题。

【感悟】你觉得房地产开发商拒不执行已经生效的法院判决，业主应该怎么办，然后谈谈这件事带给你的启示。

二、余某的冤案

1994年1月，余某的妻子张某失踪。同年4月，人们在附近水塘发现一具尸体，张某的亲戚在未完全确认的情况下，即称该尸体是张某的遗体。公安机关立案侦查后，余某被拘捕。同年10月，法院一审判处余某死刑。二审期间，该案因证据不足被发回重审。1998年6月，法院以故意杀人罪判处余某有期徒刑15年。

2005年3月，张某突然“复活”还乡，一桩冤案大白于天下。同年4月13日，余某被无罪释放。同年10月27日，余某及其家人获国家赔偿45万元。

【简析】本案中，张某亲戚的错误指认令余某成为犯罪嫌疑人。二审期间，法院发现一审判决证据不足时应该严格按照法律规定取证，但该案经重审后并无结果。二审本应该疑罪从无，结果法院只是疑罪从轻，仍判处余某有期徒刑15年。从司法的角度讲，嫌犯的确定，证据的获得，审判的实体法依据、程序依据等，当时都存在问题。

【感悟】余某被迫承认莫须有的罪名并入狱服刑11年，谈谈你从这个案例中获得的启示。

知识检测训练

一、单项选择题（下列各题的4个选项中，只有1项是符合题意的）

1．全面依法治国，必须坚持科学立法。要做到科学立法，必须（　　）。

A．立管用之法，反映社会发展要求

B．立良善之法，保障人民各项权利

C．民主立法，拓宽公民参与立法的途径

D．依法立法，按照行政法规开展立法工作

2．立法应当依照法定的权限和程序，在法治的轨道上制定合法有效的规范性文件。这表明，推进科学立法必须（　　）。

A．依法立法　　B．合理设定权利与义务

C．发扬民主　　D．合理配置权力与责任

3．2022年3月4日，深圳市市场监督管理局联合福田区司法局，针对社区居民反映的“民生问题”第一时间开展联合行动。联合行动采取既有温度又有力度的包容审慎、柔性执法监管方式，做到宽严相济、法理相融，让大家感受到非常时期执法机关的“人情味儿”。由此可以看出，“柔性执法”（　　）。

① 坚持以人为本，体现了宽严相济的执法理念

② 能够减少执法矛盾冲突，提高执法效能

③ 能够规范执法活动，杜绝执法争议的产生

④ 能够更好地维护执法人员和当事人的合法权益

A．①②　　B．①④

C．②③　　D．③④

4．针对目前安全生产执法工作中出现的多层重复执法、选择性执法等问题，应急管理部2021年3月印发的《关于加强安全生产执法工作的意见》，从执法层级清晰、对象明确、事项精准3个方面提出了具体要求。这表明推进严格执法，必须做到（　　）。

① 行政机关要坚持法定职责必须为、法无授权不可为

② 行政执法要坚持同等情况平等对待，不同情况差别对待

③ 严密的执法程序是规范执法的重要保障

④ 坚持以理为据、以法服人，融法、理、情于一体

A．③④　　B．①②

C．①③　　D．②④

5. 2019 年 4 月 18 日，某市中级人民法院公开宣判某省政协领导受贿案。法院认为，犯罪嫌疑人的行为构成受贿罪，数额特别巨大，应依法惩处。鉴于犯罪嫌疑人主动到中央纪委国家监委投案，并如实供述自己的罪行，构成自首，依法可对其减轻处罚，判处 8 年有期徒刑。该市中级人民法院（　　）。

A．公正司法，严格执法　　B．制定了科学完备的法律体系

C．依法行政，依法办事　　D．清除了社会所有的腐败行为

6. 党的二十大报告指出，全面依法治国是国家治理的一场深刻革命，要坚持法治国家、法治政府、法治社会一体建设，全面推进科学立法、严格执法、公正司法、全民守法，全面推进国家各方面工作法治化。全民守法的要求不包括（　　）。

A．依法行使权利　　B．依法履行义务

C．依法维护自己的正当权益　　D．维护立法机关的尊严

7. 我国政府推行“权力清单”和“责任清单”等清单制度，强调“法无授权不可为”“法定职责必须为”。这对于政府来说，意味着（　　）。

A．权责可自定　　B．不可为即可免责

C．法无禁止皆可为　　D．必须坚持依法行政

8. 建设法治中国，必须坚持法治国家、法治政府、法治社会一体建设。其中，法治政府建设尤为关键，因为这将有利于政府（　　）。

A．依法决策，制定基本法律　　B．真正满足所有公民的需要

C．建设依法行政的有威信的政府　　D．依法立法、公正司法、严格执法

9. 法治国家、法治政府、法治社会相互联系、相互支撑、相辅相成，是法治中国建设的三根支柱。下列对“法治国家”理解正确的是（　　）。

① 法治国家是法治建设的目标

② 法治国家是法治建设的基础

③ 使法律成为国家治理的核心

④ 意味着国家权力依法行使

A．①②　　B．①④

C．②③　　D．③④

10. 政府是法治建设、法律实施的重要主体，加强法治建设，（　　）是法治国家、法治社会建设的关键和重点。

A．全面建设法治中国　　B．全面建设法治政府

C．全面建设法治社会　　D．全面建设法治环境

二、多项选择题（下列各题的4个选项中，至少有2项是符合题意的）

1．基层法庭所审理的案件多是婚姻、赡养等家庭纠纷或邻里纠纷，因此在工作中优先使用调解的方法化解矛盾。联合村委会、村民代表等，从法理情角度说服、劝解，及时化解纠纷，使乡村更加和谐稳定。公正司法积极化解纠纷，推进了和谐乡村建设。对此理解正确的是（　　）。

A．公正司法是维护社会公平正义的最后一道防线

B．公正司法事关人民切身利益，事关社会和谐稳定

C．推进公正司法，必须坚持依法行政、便民利民

D．推进阳光司法，行政机关要带头严格执法，依法履职

2．准确把握全面推进依法治国重点任务，着力推进（　　）。

A．科学立法　　B．严格执法

C．公正司法　　D．全民守法

3．法治国家、法治政府和法治社会是全面推进依法治国的“一体双翼”。下列说法中正确的是（　　）。

A．法治社会是组成部分和薄弱环节，建设法治社会，核心是推进多层次多领域依法治理，实现全体国民自己守法、执法

B．法治国家是长远目标和根本目标，建设法治国家，核心要求是实现国家生活的全面法治化

C．法治政府是重点任务和攻坚内容，建设法治政府，核心要求是规范和制约公共权力

D．法治国家、法治政府、法治社会一体建设，要求三者相互补充、相互促进、相辅相成

4．某市场监督管理局干部施某，在带队对辖区企业进行检查的过程中，对现场发现的未取得食品经营许可证而从事食品经营活动、销售过期食品等问题，既不履行立案调查手续，也未向区市场监督管理局领导办公室汇报。后来，施某受到党内警告处分。这个案例警示我们（　　）。

A．行政人员要坚持法无授权不可为

B．执法人员要完善执法程序，坚持规范执法

C．执法人员要坚决克服懒政、怠政

D．执法人员要严格依法办事

5．建设法治中国不是一蹴而就的事，需要系统、全面、持续努力，需要多措并举。建设法治国家，需要（　　）。

A．推进司法体制改革，坚持依宪治国、依宪执政

B．建立健全法律体系，推进科学立法，实现有法可依

C．推进执法规范化建设，建立健全法律法规执行机制

D．坚持法定职责必须为、法无授权不可为

三、简答题

1．科学立法在依法治国中起到了什么作用？科学立法的核心是什么？

2．执法主体应从哪些方面推进严格执法？

3．谈谈法治国家的内涵，以及建设法治国家的措施和意义。

四、分析题

中华人民共和国成立以来，我国宪法不断发展，2 000 多年的“人治”传统观念逐渐消失。如今，宪法在中国普通民众的生活中被“激活”，法治精神逐渐融入每个公民的血液。十八届四中全会提出，全面推进依法治国，建设中国特色社会主义法治体系，建设社会主义法治国家。与“国家兴亡，匹夫有责”相同，建设法治中国，每个公民都不能袖手旁观，公民不仅是法治中国前行的受益者，更应该是参与者和推动者。

（1）结合材料，说说公民应该怎样积极参与建设法治国家。

（2）结合材料，说说执法机关应如何提高执法公信力。

五、实践题

1. 观看中国共产党第二十次全国代表大会的录像，并写下自己观看后的感想。

2. 选择一部法律，了解这部法律的形成和发展过程。

实践体验活动

模拟“立法”活动——“制订班规”

好的班规应体现它的民主性，班规不是针对个别学生而制订的，也不是对学生个性的压制，而是引导学生形成良好的学习、生活习惯，克服不良的习惯，促进学生身心和个性向积极的方面发展。要想制订出符合班级特点的班级规范，需要全班同学集思广益、共同参与。

通过“制订班规”活动，让学生切身参与规则制订的事宜（如有序性、方式和途径等），并让学生了解一部班规的诞生过程，体会集思广益、民主参与、科学制订班规的意义。

【讨论阶段】

本班同学分为几个小组进行讨论，每个小组选出一位学生代表上台发言，讲述自己对班规的理解。

【班规制订过程】

1. 提出班规方案

开展小组讨论，并由小组代表提出班规方案，由老师决定是否将方案列入审核阶段。学生可从以下几个方面进行讨论：学习方面、纪律方面、出勤方面、卫生方面。

2. 对班规进行讨论

提出班规方案的小组，需要对其方案进行详细的解释与说明，广泛征求同学们的意见。

3．表决通过

由全体学生采取无记名方式对班规方案进行表决，同意的过半数则方案通过。

4．班规公布

经全体学生通过后，由老师公布班规。

过程记录

活动开展计划：

活动开展关键点：

活动开展难点及解决方案：

心得体会：

活动评价

教师可参考表 3-2 对“制订班规”活动进行评价。

表 3-2 “制订班规”活动评价表

评价标准	分值	分数小计	教师评价
同学们积极参与讨论，并从多方面提出自己的意见	25 分		
活动的形式体现民主性，活动氛围融洽，制订班规过程有序	25 分		
同学们在学习、纪律等方面制订的条规具备合理性和可行性	25 分		
同学们学会制订班规，并进一步了解我国立法的流程，活动效果显著	25 分		

第三节

维护宪法尊严

思维导图

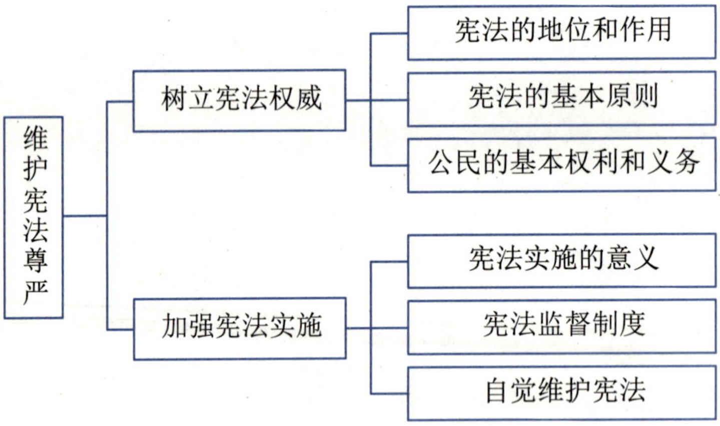

生活感悟

一、宪法与公民的生活息息相关

有人认为：宪法是国家的根本大法，规定的都是涉及国家生活中带有全局性、根本性的大问题，距公民的实际生活比较远。然而，在现实社会生活中，我们会遇到很多问题，诸如有些招工招聘简章中存在性别、相貌、受教育程度等方面的限制条款；有些企业还存在克扣、拖欠劳动者工资，随意让劳动者加班的现象。这些问题都与宪法规定的公民的基本权利相关。

【简析】《中华人民共和国宪法》从第三十三条到第五十六条，全面而详尽地规定了我国公民的基本权利和义务。

【感悟】宪法保障公民的基本权利，说说宪法与公民的政治、经济、文化和社会生活等具有怎样的关系。

二、反腐倡廉

近年来，“反腐倡廉”这一热点问题，引发了人们对权力如何行使的思考。要有效解决腐败问题，必须对权力进行制约和监督，这是发展社会主义民主政治建设、建设社会主义政治文明的一项重要任务。

【简析】权力行使需要监督，监督是权力正确行使的根本保证，不接受监督的权力将导致腐败。

【感悟】你觉得应该怎样对权力进行监督，以及法律在其中起到什么样的作用。

三、演讲与思考

一位同学在演讲活动中说："面对纷繁的世界、多彩的生活，我们拥有一个共同的名字——公民。在社会生活中每个公民都扮演着各种角色，如子女、家长、教师、学生等。亲爱的同学们，你们知道吗？每当我们扮演这些角色的时候，都享有宪法和法律赋予的权利，同时也必须履行相应的义务。"

【简析】任何公民既不能只享受权利而不承担义务，也不应只承担义务而不享受权利。在我国，公民既是合法权利的享有者，也是法定义务的承担者。

【感悟】联系自身，说说自身权利和义务分别包括哪些内容，以及如何做到权利与义务的统一。

知识检测训练

一、单项选择题（下列各题的 4 个选项中，只有 1 项是符合题意的）

1. 2022 年 12 月 4 日是第九个国家宪法日，也是中国现行宪法公布施行四十周年。某校举行宪法宣传活动，宣传的主题是"尊崇宪法、学习宪法、遵守宪法、维护宪法、运用宪法"。开展宪法宣传活动，有利于全体人民（　　）。

A. 加强宪法监督，维护宪法权威　　B. 明确宪法职责，保障宪法精神

C. 增强宪法意识，弘扬宪法精神　　D. 遵守宪法规定，履行宪法职责

2. 下列关于宪法特征的表述，错误的是（　　）。

A. 普通法律不得与宪法相抵触

B. 宪法是一切组织和个人的根本活动准则

C. 宪法具有最高的法律效力

D. 在我国，宪法的修改必须是由全国人大常委会或者三分之二以上的全国人大代表提议，才能启动修宪程序

3．贫穷是实现人权的最大障碍。改革开放 40 多年来，我国在脱贫致富方面取得了巨大的成就。经过各级政府的共同努力，改革开放以来全国贫困人口减少了 7.4 亿人。从践行我国宪法原则的角度看，这体现了（　　）。

A．一切权利属于人民　　B．尊重和保障人权

C．共同富裕　　D．共同繁荣

4．下面有关权利与义务的关系的表述，正确的是（　　）。

A．权利与义务是统一的，没有无权利的义务，也没有无义务的权利

B．权利与义务是对立的

C．二者没有必然的关系

D．权利是义务的前提

5．《中华人民共和国土壤污染防治法》是依据我国宪法制定的法律，这表明（　　）。

① 宪法具有最高法律效力和法律地位

② 宪法已经成为生态保护的基本法律

③ 坚持依法行政首要坚持依宪行政

④ 宪法是其他法律的立法依据和基础

A．①②　　B．①④

C．②③　　D．②④

6．我们要弘扬宪法精神，树立宪法权威，使全体人民都成为社会主义法治的自觉遵守者和捍卫者。这是因为（　　）。

① 违背宪法的行为都是严重的犯罪行为

② 宪法从根本上保障公民的基本权利

③ 宪法是由中国共产党来制定完善的

④ 宪法是制定我国其他一切法律的基础

A．①②　　B．①③

C．②④　　D．③④

7．根据宪法规定，行使监督宪法实施职权的国家机构是（　　）。

A．全国人大　　B．中国共产党

C．全国人大及其常委会　　D．全国人大常委会

8．宪法所规定的内容是（　　）。

A．国家的法律制度　　B．国家的经济制度

C．国家的重要任务　　D．国家的根本制度和根本任务

9．我国宪法监督的内容主要包括（　　）。

① 合宪性审查和监督

② 审查国家机关及其工作人员等的违宪行为

③ 监督国家领导人的任免

④ 宪法的制定和修改程序严于普通法律

A．①②　　B．①③

C．②④　　D．③④

10．我们要理解并认同宪法的价值，增强对宪法的信服和尊崇。这样做的原因是（　　）。

① 我国宪法符合国情、符合实际、符合时代发展要求

② 我国宪法充分体现人民共同意志

③ 我国宪法充分保障人民民主权利

④ 我国宪法充分维护人民根本利益

A．①②③　　B．①②④

C．②③④　　D．①②③④

11．党的二十大报告指出，要加强宪法实施和监督，健全保证宪法全面实施的制度体系，更好发挥宪法在治国理政中的重要作用，维护宪法权威。在本行政区域内负有保证宪法和法律实施的职责的是（　　）。

A．国务院　　B．地方各级人民政府

C．全国人民代表大会　　D．地方各级人民代表大会

12．下列选项中，错误的是（　　）。

A．增强宪法意识，只和国家公职人员有关

B．权力行使需要接受监督

C．对于各种违反宪法的行为，都必须予以追究和纠正

D．全面依法治国需要我们健全宪法实施和监督制度

13．某校计划开展“宪法在我心中”宣传活动，假如你是这个学校的学生，你应该（　　）。

A．认真学习宪法，深入领会宪法知识

B．把学习宪法作为主要学习任务

C．自觉参与宪法的修订工作

D．把宪法作为自己的唯一行为准则

14．2020 年 5 月的一天，广东省人大常委会举行了宪法宣誓仪式，13 位新任官员面对庄严的国旗，左手轻抚宪法，右手高高举起，一字一句大声念诵：“我宣誓：忠于中华人民共和国宪法……”实施宪法宣誓制度的作用包括（　　）。

① 能够从源头上预防和惩治吏治腐败

② 有助于警醒和激励国家工作人员更自觉为人民服务

③ 有助于在全社会弘扬宪法精神，推进宪法实施

④ 凸显了宪法最高的法律地位、法律权威、法律效力

A．①②③　　B．①②④

C．①③④　　D．②③④

15．宪法不仅是抽象的价值和崇高的目标，而且与公民的利益、权利密切相关。实行宪法和法治，需要在具体情况下落实宪法。落实宪法要求青少年（　　）。

① 认真学习宪法

② 积极参与宪法宣传活动

③ 认同宪法，让宪法真正铭刻于心

④ 践行宪法，将宪法原则落实在实际行动中

A．①②③　　B．①③④

C．②③④　　D．①②③④

16．以下是“职业道德与法治”课堂上师生的一段对话。

老师：“小潘，你知道十三届全国人大二次会议表决通过的《中华人民共和国外商投资法》的立法基础和立法依据是什么吗？”

小潘：“我国宪法。”

以上师生对话的内容体现了（　　）。

A．宪法具有最高的法律效力

B．宪法的制定和修改程序严于其他法律

C．宪法是公民权利的保障书

D．宪法是一切组织和个人的根本活动准则

17．如今，上网已经成为人们生活的一部分。线下做中国好公民，线上做中国好网民，这种意识已经深入人心。在互联网时代，做中国好网民要有（　　）。

① 国家安全的意识，自觉维护国家网络主权

② 文明的网络素养，不传播和使用网络流行语

③ 守法的行为习惯，依法约束个人的网上言行

④ 维护权利的意识，利用网络维护个人利益

A．①③　　B．①④　　C．②③　　D．②④

18．对于学生来说，树立法治意识首先应该树立（　　）。

A．义务教育法的意识　　B．预防未成年人犯罪的意识

C．未成年人保护法的意识　　D．宪法意识

19．关于维护宪法尊严，保障宪法实施，下列哪一做法是错误的？（　　）

A．某市政府在进行决策时充分发扬民主，广泛听取意见，按照民主程序做出最终决策

B．某省交通运输管理部门在全省各地开展宪法宣传活动，让群众更加了解宪法

C．某市通过《法在身边》电视节目、微信公众号等平台开展以案释法，进行普法教育

D．小李是一名大学生，他认为监督宪法实施是政府机关的事情，与自己无关

20．合宪性审查是一种重要的制度，它是一种（　　）。

A．宪法解释　　B．宪法制定

C．宪法修改　　D．宪法监督

二、多项选择题（下列各题的4个选项中，至少有2项是符合题意的）

1．全面依法治国需要我们健全宪法实施和监督制度，不断加强宪法监督工作。要完善全国人大及其常委会宪法监督制度，具体要求包括（　　）。

A．加强备案审查制度和能力建设　　B．推进合宪性审查工作

C．加强对宪法实施情况的监督检查　　D．增强宪法意识

2．我们要树立宪法意识，维护宪法权威，就必须做到（　　）。

A．认真学习宪法　　B．积极宣传宪法

C．自觉遵守宪法　　D．运用宪法维护自己的任何权益

3．下列属于公民基本义务的是（　　）。

A．依法纳税　　B．维护祖国统一

C．维护祖国安全　　D．依法服兵役

4．宪法的基本原则是贯穿于宪法规范始终，对宪法的制定、修改、实施、遵守等环节起指导作用的基本准则。下列属于我国宪法基本原则的是（　　）。

A．党的领导原则　　B．人民当家作主原则

C．尊重和保障人权原则　　D．社会主义法治原则

5．宪法的生命在于实施，宪法的权威也在于实施。建设社会主义法治国家，需要我们（　　）。

A．坚持宪法至上　　B．自觉践行宪法精神

C．积极推动宪法实施　　D．将宪法的相关条文熟记于心

6．2016 年 12 月 4 日，“五四宪法”历史资料陈列馆在浙江省杭州市开馆。设立“五四宪法”历史资料陈列馆的意义包括（　　）。

A．它是深入开展宪法宣传教育的根本途径

B．有利于形成尊法学法守法用法的氛围

C．有利于普及宪法知识、增强人们的宪法意识

D．有利于弘扬宪法精神、推动宪法实施

7．宪法是神圣的，我们要崇拜它、信仰它；同时，宪法又是亲切的，我们要把宪法落实到现实生活中。这表明（　　）。

A．宪法与我们每个人息息相关

B．我们的一生都离不开宪法的保护

C．我们要增强宪法意识

D．我们要热爱宪法、捍卫宪法

8．下面关于宪法具有最高法律效力的表述，正确的是（　　）。

A．宪法规定了人们生活中最根本的问题

B．宪法是其他法律的立法基础和立法依据

C．其他法律不得与宪法的原则和精神相违背

D．一切法律、行政法规和地方性法规都不得同宪法相抵触

9．我国刑法规定，为境外的机构、组织、人员窃取、刺探、收买、非法提供国家秘密或者情报的，处五年以上十年以下有期徒刑；情节特别严重的，处十年以上有期徒刑或者无期徒刑；情节较轻的，处五年以下有期徒刑、拘役、管制或者剥夺政治权利。上述材料说明（　　）。

A．公民有维护全国各民族团结的义务

B．维护祖国安全、荣誉和利益是公民的基本义务

C．破坏国家安全、荣誉和利益要受法律制裁

D．国家安全关系着国家和民族的生死存亡

10．2021 年 7 月，小隋从一所职业学校毕业后，自筹资金开了一家饭馆。他不仅手艺和服务态度好，而且坚持依法纳税，获得许多顾客的好评，后来被评为“守法经营户”。这一事实说明（　　）。

A．小隋行使了劳动权

B．小隋自觉履行了依法纳税的义务

C．小隋收入高

D．小隋法治观念淡薄

三、简答题

1．简述宪法与其他法律之间的关系。

2．简述我国公民的基本权利和义务。

3．学生如何树立正确的权利义务观？

4．如何加强宪法监督？

5．宪法实施的意义包括哪些方面？

四、分析题

1. 党的二十大报告指出，坚持依法治国首先要坚持依宪治国，坚持依法执政首先要坚持依宪执政，坚持宪法确定的中国共产党领导地位不动摇，坚持宪法确定的人民民主专政的国体和人民代表大会制度的政体不动摇。

（1）宪法与全面依法治国的关系是什么？

（2）宪法规定了哪些具体内容？

（3）宪法的制定和修改程序比其他法律更加严格，这意味着什么？

2. 材料一：《中小学法制教育指导纲要》有关法制教育的内容中指出：进一步学习宪法的基本知识，增强宪法意识。

材料二：建设社会主义法治国家，每个公民都不能袖手旁观，我们不仅是法治中国的受益者，更应该是参与者和推动者。

（1）青少年为什么要重视学习宪法的基本知识，增强宪法意识？

（2）作为法治中国的受益者和参与者，我们应该怎样增强宪法意识？

五、实践题

1．某校团委将举行普及宪法宣传教育活动，向全体同学征集宣传标语。请你设计两条宪法宣传标语。

2．组织全班同学办一期关于公民基本权利和义务的专题黑板报。运用法律条文、法律图片及生活案例等形式，介绍我国宪法所规定的公民基本权利和义务，使同学们了解自己所享有的基本权利和应履行的义务，帮助大家树立正确的权利义务观念。

3．我国 2014—2022 年国家宪法日的主题如下。

2014 年：弘扬宪法精神，建设法治中国。

2015 年：弘扬宪法精神，推动创新、协调、绿色、开放、共享发展。

2016 年：大力弘扬法治精神，协调推进“四个全面”战略布局。

2017 年：学习贯彻党的十九大精神，维护宪法权威。

2018 年：尊崇宪法、学习宪法、遵守宪法、维护宪法、运用宪法。

2019 年：弘扬宪法精神，推进国家治理体系和治理能力现代化。

2020 年：深入学习宣传习近平法治思想，大力弘扬宪法精神。

2021 年：以习近平法治思想为指引，坚定不移走中国特色社会主义法治道路。

2022 年：学习宣传贯彻党的二十大精神，推动全面贯彻实施宪法。

如果由你来设计 20××年国家宪法日的主题，你会怎么设计？

实践体验活动

开展“宪法诵读、宪法手抄报”活动

开展“宪法诵读、宪法手抄报”活动，目的是大力弘扬法治精神，增强同学们的法律意识和法治观念，让同学们领会宪法的精神，了解我国宪法内容，自觉维护宪法权威与尊严。

【宪法诵读活动】

首先，准备宪法文本；其次，确定本周诵读的内容；最后，选定领读人。全体同学在领读人的带领下，诵读宪法内容。

【宪法手抄报活动】

诵读结束后，同学们之间相互交流诵读宪法的感受，并制作以宪法为主题的手抄报。手抄报的内容主题可以选取：中职学生如何弘扬宪法精神；学习宪法的意义；宪法日设立的意义；生活中遵守和实施宪法的具体做法；宪法保障了我们受教育权利的事例；宪法保护了老人、妇女和儿童的事例等。

过程记录

活动开展计划：

活动开展关键点：

活动开展难点及解决方案：

心得体会：

活动评价

教师可参考表 3-3 对“宪法诵读、宪法手抄报”活动进行评价。

表 3-3 “宪法诵读、宪法手抄报”活动评价表

评价标准	分值	分数小计	教师评价
同学们诵读宪法态度认真，声音洪亮	30 分		
同学们积极主动地分享自己学习宪法的感受，对宪法有自己的见解	30 分		
手抄报制作精美，内容有新意	40 分		

第四章

遵循法律规范

第一节

努力做遵纪守法的标杆

思维导图

- 努力做遵纪守法的标杆
  - 理解遵纪守法的内涵
    - 了解法律的特征和作用
    - 厘清法律与纪律的关系
  - 自觉做遵纪守法的人
    - 坚持遵纪守法的观念
    - 了解违法违纪的后果

生活感悟

一、修订法律维护国家安全

2023 年 7 月 1 日，新修订的《中华人民共和国反间谍法》（以下简称《反间谍法》）正式施行。《反间谍法》是我国在维护国家安全领域出台的第一部重要法律，也是规范和保障反间谍斗争的专门法律，为维护国家安全发挥了重要作用。

【简析】当前，我国的国家安全面临着复杂严峻的形势，一些国家不仅对我们进行传统间谍活动，而且在非传统领域的间谍活动也日趋猖獗。《反间谍法》就是我们反间谍斗争的武器。让我们一起崇法学法守法，明责履责尽责，筑牢国家安全屏障，共同捍卫国家安全和利益。

【感悟】结合新修订的《反间谍法》，谈谈法律的保护作用。

二、违法违纪只有一步之遥

小王在某钢结构制作有限公司工作多年。前不久，他在操作设备制作钢板构件的过程中，严重违反公司的安全生产操作规定，将本来应该两个人一起同步操作的功能，擅自改变为一人操作。结果因为操作失误，不慎将同事老张砸成重伤，最终老张在送医后不治身亡。当晚，小王就因涉嫌重大责任事故罪被公安机关刑事拘留了。同时，小王的公司也按照企业相关制度对他进行了纪律处分并与他解除了劳动合同。

【简析】小王在工作中缺少遵纪守法意识，导致他麻痹大意，违规违纪操作。违纪一般由企业惩处，但如果造成严重后果，就涉及违法犯罪了。

【感悟】结合案例，谈谈你对法律和纪律关系的认识。另外，请指出小王可能违反了哪些法律和纪律。

三、做遵纪守法的好少年

王某是某学校的学生，他成绩优异，且在德、智、体、美、劳等方面全面发展。该校所在地附近共有 4 家网吧，每逢节假日、双休日，各网吧人满为患，其中有一部分还是中小学生。身为班长的王某不仅本人不打游戏，还积极说服其他同学不要参与。在效果甚微的情况下，他毅然向派出所举报，迫使这 4 家网吧停业整顿。

【简析】我国法律明确规定，营业性的网吧及电子游戏室禁止对未成年人开放。然而，一些网吧、电子游戏室的经营者为赚取昧心钱，不顾国家法律规定，引诱未成年人泡网吧、打游戏。一些未成年人因沉迷于网络，经常逃学，有的甚至为了筹措上网的费用盗窃他人的财物，甚至结成团伙抢夺他人钱财，走上违法犯罪的道路。

【感悟】结合自身实际，谈谈我们应该如何履行遵纪守法义务。

知识检测训练

一、单项选择题（下列各题的 4 个选项中，只有 1 项是符合题意的）

1. 下列属于纪律的是（　　）。

A.《中华人民共和国民法典》

B.《中职生学生守则》

C.《中华人民共和国未成年人保护法》

D.《中华人民共和国刑法》

2. 下列对“天网恢恢，疏而不漏”的理解，正确的是（　　）。

A. 法律具有规范人们行为规范的作用

B. 法律具有协调人与人之间关系的作用

C. 法律对全体社会成员具有普遍约束力

D. 法律具有裁决违法犯罪行为的作用

3. 根据对社会危害程度的不同，违法行为可分为（　　）。

A. 一般违法行为和严重违法行为

B. 普通违法行为和重要违法行为

C. 直接违法行为和间接违法行为

D. 短期违法行为和长期违法行为

4. 下列关于法律和纪律的说法中，错误的是（　　）。

A. 违纪是小事，只要不违法就可以

B. 法律和纪律的制定主体是不同的

C. 纪律的呈现方式有规章制度、规定等

D. 法律、纪律与自由不是对立的，而是辩证统一的

5. 违法要承担相应的法律责任，法律责任不包括（　　）。

A. 民事责任　　B. 刑事责任　　C. 行政责任　　D. 事故责任

6. 下列属于违纪可能面临的惩处的是（　　）。

A. 批评教育　　B. 吊销执照　　C. 停产停业　　D. 行政拘留

7. 小安向小李借钱十万元，约定一年后还清。没想到，到期后小安却拒不还钱，小李无奈向人民法院提起诉讼，人民法院判决小安还钱。以上案例表明法律具有（　　）的作用。

A. 威慑违法犯罪行为　　B. 保护人们的权利

C. 替人要债　　D. 保障诚信

8.（　　）是法律区别于其他行为规范的重要特征之一。

A．规定人们权利和义务　　B．由国家制定或认可

C．对全体社会成员有普遍约束力　　D．以国家强制力保证实施

9．法律作为一个整体，在一个国家主权范围和法律所规定的界限内，具有使一切国家机关、社会组织和公民遵行的效力，这体现了法律（　　）的特征。

A．由国家强制力保证实施　　B．依法治国

C．具有普遍约束力　　D．程序性

10．第十三届全国人民代表大会常务委员会第三十七次会议表决通过了《中华人民共和国黄河保护法》。这表明法律（　　）。

A．是专门保护大自然的　　B．由国家制定或认可

C．与普通人无关　　D．以上都不对

二、多项选择题（下列各题的 4 个选项中，至少有 2 项是符合题意的）

1．国家创制法律的两种基本形式是（　　）。

A．法律的制定　　B．法律的执行

C．法律的解读　　D．法律的认可

2．违反纪律将受到（　　）等处分。

A．拘留　　B．批评教育

C．拘役　　D．惩戒

3．根据违反法律类别的不同，违法行为可分为（　　）。

A．民事违法行为　　B．行政违法行为

C．司法违法行为　　D．刑事违法行为

4．纪律与法律作为社会规范的组成部分，既有相似性，又有差异性。两者的相似性主要表现在（　　）。

A．都需要人们遵守

B．违反后都会造成一定的后果

C．违反后都会受到相应的惩处

D．都以相应的强制力来保证实施

5．下列属于违法行为的是（　　）。

A．小明不等下课就离开教室

B．小王在宿舍使用大功率电器

C．小李跟同学小梦有矛盾，找人把小梦打成重伤

D．小张偷窃网吧财物

三、简答题

1．简述法律与纪律的关系。

2．法律与纪律有哪些异同点？

3．法律区别于纪律、道德规范、社会礼仪等其他行为规范的特征有哪些？

4．法律具有哪些作用？

四、分析题

1. 近年来，某市人民法院依法判决了多起民事赔偿案件，但其中部分单位和个人拒绝履行人民法院的判决。为了维护法律的尊严，保护受害人的合法权益不受侵害，该市人民法院根据统一部署，果断采取强制执行措施，依法拘留被执行人 5 人，查封房屋 7 间，扣留汽车 2 辆。

（1）上述材料体现了法律的哪些特征？

（2）材料中当事人拒不执行人民法院的判决行为属于什么类型的违法行为？

2. 小梅是一名小学五年级学生。有一天，爸爸突然对她说："从明天开始，你不要去上学了，到小超市给你妈帮忙吧，她一个人忙不过来。"小梅听后，伤心地哭了。她想念书，也舍不得学校的老师和同学们。但是，她又不得不听爸爸的话，只好不去学校读书了。老师了解到小梅的情况后，便找到小梅爸爸，劝他让小梅继续上学。小梅爸爸说："读书多了也没什么用，还不如让她在家里干点活呢。再说了小梅是我女儿，让不让她上学得由我说了算。"

上述材料中小梅爸爸的做法正确吗？请说明原因。

3. 常某、王某、李某是某学校会计学院的学生。某天晚上，此三人违法学校规定，在宿舍内抽烟、喝酒、煮东西吃，并且通过朋友圈发布相关视频，在学校里造成了极为恶劣的影响。学校给予三人严重警告处分。学校真实完整地将处分决定的材料归入学校文书档案和学生本人档案，且后续不得从学生本人档案中撤出。

（1）上述材料中常某、王某、李某的行为属于违法还是违纪？需要承担什么后果？

（2）结合上述材料，谈一谈我们应该如何养成遵纪守法的习惯？

五、实践题

1. 法律与生活息息相关，并影响着生活的方方面面。请以“法律保护我们一生”为题，通过学习和生活中的实际案例展开讨论，感受法律的作用。

2. 法治建设和法律意识的提高需要全社会的共同努力，中职学生要从自身做起，积极向身边的人宣传法律知识，增强大家的遵纪守法意识。请你设计一份“养成遵纪守法好习惯”的倡议书，并读给自己的父母及身边的人，请他们结合自己的生活经历谈谈体会。

实践体验活动

“法律进校园”法制宣传活动

开展“法律进校园”法制宣传活动，目的是让学生认识不良行为的危害，懂得法律的重要性，从而增强遵纪守法的意识，提升抵制违法行为的能力。

请学生以小组为单位，围绕“如何做一个遵纪守法的人”这个主题搜集、分析相关资料与案例，并制作法治手抄报。教师组织举行手抄报评选活动，各组派代表向大家介绍本组的手抄报，并阐述对法律知识的理解和对违法行为的看法。活动最后，由全班同学进行投票，评选出优秀手抄报，并张贴于学校宣传栏中。

过程记录

活动开展计划：

活动开展关键点：

活动开展难点及解决方案：

心得体会：

活动评价

教师可参考表 4-1 对“法律进校园”法制宣传活动进行评价。

表 4-1 “法律进校园”法制宣传活动评价表

评价标准	分值	分数小计	教师评价
同学们制作的手抄报主题明确，内容贴近实际	40 分		
同学们积极参加活动，对法律相关知识理解到位	30 分		
手抄报版式新颖，制作精美	30 分		

第二节

熟悉民事权利和民事责任

思维导图

- 熟悉民事权利和民事责任
  - 依法从事民事活动
    - 认识我国民事活动的基本原则
    - 辨别民事法律行为的有效性
  - 了解民法赋予我们的权利
    - 了解民法对人身权的保护
    - 了解民法对财产权的保护
  - 认识民事责任
    - 了解违约所要承担的民事责任
    - 了解侵权所要承担的民事责任

生活感悟

一、相机的归属

甲要出国留学，临行前将自己价值 2 350 元的相机委托乙保管。甲出国后，乙擅自将甲的相机以 1 500 元的价格卖给了丙。甲从国外回来后，得知自己的相机被卖给了丙，便要求丙返还原物。丙不同意，理由是该相机是自己花钱买来的，理所当然拥有所有权。为此，甲丙二人争执不下。

【简析】财产所有权是所有权人对自己的不动产或者动产，依法享有占有、使用、收益和处分的权利。在我国，公民合法财产的所有权受法律保护。乙受甲的委托持有甲的相机是合法的，但出售甲的相机则属于非法转让。若丙从乙手中购买相机时并不知道乙对该机无处分权，则属于善意取得。甲丧失了该相机的所有权，只能要求乙赔偿自己的损失。若丙在知情的情况下，依然购买该相机，则丙应当归还甲的相机，乙也应将 1 500 元还给丙。

【感悟】如果你也遇到同样的情况，对方拒不归还相机，说说你有哪些途径可以维护自身的合法权益。

二、买到“凶宅”要退房

王先生通过房产中介的介绍，选中了一套心仪的二手房，并顺利地办理了该房的买卖过户手续。入住后，王先生和妻子发现小区里的人看他们的眼光总是有些异样，而且在他们饭后散步时，总有人问他们房子的情况，并问他们晚上睡觉是否踏实。王先生和妻子都感觉不太对劲，可是又没人告诉他们原因，于是他们只好到居委会打听。经过询问得知，这套房子在出售前曾发生过凶杀案。王先生认为卖家在出售这套房子时没有告知自己房子的真实情况，而房产中介也刻意隐瞒。因此，王先生将他们告上法庭，要求撤销买卖房屋的合同，返还所有房款，并支付赔偿金。

【简析】在社会生活中，民事主体应按照民法的基本原则来从事民事活动，并在民事活动中做到既维护自己的合法权益，又尊重他人的正当权益。违反这些基本原则就会带来纠纷。

【感悟】你是如何看待这起交易的？请指出案例中的卖方与房产中介违反了民事行为中的哪些基本原则。

知识检测训练

一、单项选择题（下列各题的4个选项中，只有1项是符合题意的）

1. 《中华人民共和国民法典》新增的一项民事活动的基本原则是（　　）。

A．合法与公序良俗　　B．绿色

C．节俭　　D．创新

2. 民事主体在民事活动中的法律地位（　　）。

A．弱者地位更高　　B．女性地位更高

C．一律平等　　D．地位更高

3. 公序良俗是（　　）的简称。

A. “公平有序”和“优良习俗”　　B. “公正秩序”和“优良风俗”

C. “公共有序”和“优良民俗”　　D. “公共秩序”和“善良风俗”

4. 王某明知自己的房屋旁边即将建造一栋高层楼房，却隐瞒实际情况将房屋卖给张某。高楼建成之后，张某购买的房屋明显光照不足。那么，可以认为王某违反了民事活动的（　　）原则。

A. 诚信　　B. 平等

C. 自愿　　D. 合法与公序良俗

5. 赵某和钱某一同逛街，走进一间小店后，赵某挑选并试穿了一件连衣裙，后来觉得不太合适就没打算买，店主却强迫其购买。店主的这种行为违反了民事活动的（　　）原则。

A. 平等　　B. 自愿

C. 诚信　　D. 禁止权利滥用

6.《中华人民共和国民法典》是（　　）的基本法律规范。

A. 制定道德标准，调整人际关系

B. 规范特殊行为，调整利益关系

C. 打击犯罪行为，维护社会和谐

D. 规范民事活动，调整民事关系

7. 某小区居民未按规定分类垃圾，导致小区的环境卫生状况恶化。物业公司提起诉讼，要求居民按规定进行垃圾分类。人民法院判决居民应当按规定进行垃圾分类，并承担相应的违约责任。该案例体现了民事主体从事民事活动需要遵守（　　）原则。

A. 绿色　　B. 环保

C. 卫生　　D. 健康

8. 民事法律行为是民事主体通过意思表示设立、变更、终止（　　）的行为。

A. 民事法律关系　　B. 民事合作关系

C. 民事特殊关系　　D. 民事约定关系

9.（　　）以上的未成年人是限制民事行为能力人。

A. 12 周岁　　B. 10 周岁

C. 16 周岁　　D. 8 周岁

10. 人格权不包括（　　）。

A. 生命权　　B. 知情权

C. 名称权　　D. 隐私权

11．某工厂向河流排放污水，导致生活在河流附近的村民生病，该工厂侵犯了村民的（　　）。

A．安全权　　B．健康权

C．居住权　　D．环保权

12．某网上商城的员工在网站后台非法采集明星的联系方式和购物记录，然后将其公布到网上，这种行为侵犯了该明星的（　　）。

A．隐私权　　B．姓名权

C．名誉权　　D．肖像权

13．最典型、最完整的物权是（　　）。

A．物权　　B．所有权

C．债权　　D．继承权

14．知识产权不包括（　　）。

A．著作权　　B．专利权

C．冠名权　　D．商标权

15．当事人没有立遗嘱，其个人财产将（　　）。

A．亲属平分　　B．捐赠给公益组织

C．上缴国库　　D．按照法定顺序继承

16．陈某系某热电公司职工，某日下阀井作业发生缺氧窒息。在阀井附近菜地干活的王某收到陈某妻子求助后，迅速下井救人，但其救援并未成功，自己也因窒息昏倒在地。后王某经救治后恢复意识，陈某经救治无效死亡。以下对该热电公司侵权责任的描述正确的是（　　）。

A．热电公司对王某承担侵权责任，它侵犯了王某的生命权

B．热电公司对王某不承担侵权责任，因为案例中的加害行为非“人为”所致

C．热电公司对王某承担侵权责任，它侵犯了王某的健康权

D．热电公司对王某不承担侵权责任，因为王某没有成功救援陈某

17．侵权责任包括（　　）。

A．主要责任和次要责任　　B．一般责任和重要责任

C．一般侵权和严重侵权　　D．一般侵权和特殊侵权

二、多项选择题（下列各题的4个选项中，至少有2项是符合题意的）

1．民事主体包括（　　）。

A．自然人　　B．国家机关

C．法人　　D．非法人组织

2. 在人们的日常生活中，属于民事活动的是（　　）。

A. 从事的与人身关系有关的活动

B. 从事的与自然灾害有关的活动

C. 从事的与财产关系有关的活动

D. 从事的与外交事务有关的活动

3. 当自身合法的私有财产受到侵害时，我们要学会依法维护自己合法的财产所有权。下面做法有助于维护这项权利的有（　　）。

A. 多叫几个亲戚朋友强行要回属于自己的财产

B. 如果财产数量不多，就别过问了，自认倒霉

C. 与侵权人发生争议时，可向人民法院提起民事诉讼

D. 向侵权人提出权利请求，要求对其侵权行为承担相应的法律责任

4. 下列属于无民事行为能力的人有（　　）。

A. 80 岁的老人

B. 不满 8 周岁的未成年人

C. 年满 18 周岁的人

D. 不能辨认自己行为的成年人

5. 民事法律行为有效必须同时具备的条件是（　　）。

A. 行为人具有相应的民事行为能力

B. 意思表示真实

C. 不违反法律、行政法规的强制性规定，不违背公序良俗

D. 具备一定的资质

6. 下列民事法律行为中，属于无效民事法律行为的是（　　）。

A. 一方受到另一方的欺骗

B. 一方被胁迫实施了不情愿的行为

C. 违反强制性法律、行政法规规定

D. 违背公序良俗

7. 人身权是民事主体基于自己的（　　）而依法享有的最基本的民事权利。

A. 身份　　B. 身体

C. 人品　　D. 人格

8. 身份权包括（　　）。

A. 肖像权　　B. 亲属权

C. 监护权　　D. 配偶权

9．人格权包括（　　）。

A．生命权　　B．荣誉权

C．隐私权　　D．继承权

10．下列选项中，属于债权的是（　　）。

A．因遗嘱而产生的财产权

B．因签订、履行合同而产生的财产权

C．因侵权行为而产生的赔偿请求权

D．因无因管理产生的财产权

11．某人不履行合同义务，可能会承担的违约责任有（　　）。

A．继续履行　　B．采取补救措施

C．行政拘留　　D．赔偿损失

12．侵权情节严重的，有可能受到（　　）。

A．承担民事责任　　B．批评警告

C．行政处罚　　D．刑事制裁

三、简答题

1．《中华人民共和国民法典》规定，民事主体从事民事活动时，要遵循哪些基本原则？

2．自然人的民事行为能力分为哪几类？其行为对应的法律后果分别是什么？

3．简述人身权的内容。

4．简述财产权的内容。

5．简述侵权责任的承担方式。

四、分析题

1．17岁的小王是某公司的临时工，每个月的工资为2 000元。一天，小王用4 000元购买了一台电脑，其父母认为小王尚未成年，没有征得家长同意不应进行大额消费，要求小王退货，并让卖方退款。而小王却认为购买电脑用的是自己的工资，所以不愿退货。

（1）小王的买卖行为是否有效？为什么？

（2）如果小王是一名在校学生，没有收入来源，那么其父母的退款要求是否合法？为什么？

2. 蒋某与范某是同学，两人成绩都很优秀。蒋某因嫉妒范某，便用手机偷拍了范某的私人日记，并在同学中传看，甚至还在大庭广众之下嘲笑、挖苦范某，使得范某十分痛苦。

（1）结合上述材料，请你对蒋某的行为进行评价。

（2）你认为范某应该怎么做？

3. 刘某将其名下的一套房屋交给中介公司出售，约定中介对该房屋拥有完全处置权。随后，经中介公司介绍，王某与刘某签订买卖定金合同，并在合同签订当日向刘某支付了 40 000 元定金。双方约定刘某在收到定金之日起，不得借故终止售房，不得将房屋转售给第三方。到了售房合同签订之日，刘某拒绝与王某签订售房合同，双方因定金返还等问题协商未果，诉至人民法院。

（1）结合上述材料，你认为刘某需要返还多少定金？为什么？

（2）请说说订金和定金的区别。

（3）如果购房合同中房屋的价格为 120 000 元，那么刘某需要返还多少定金？

4. 尚先生同时在A、B平台申请注册了代驾账号，并线上签订了《用户服务协议（司机端）》，成为一名代驾司机。A、B平台同属于某导航地图的下游平台。某日，尚先生在B平台接单后，因故被乘客投诉，B平台将其代驾账户“封禁”。随后，尚先生发现他在A平台的代驾账号也被“封禁”。尚先生认为，自己从事代驾工作以来，一直遵守代驾平台的规章制度，从未有过违法和违规的行为，在B平台被乘客投诉也并非自己的过错，A平台“封禁”他的代驾账号没有合理依据。在与代驾平台多次沟通无果后，尚先生将A平台诉至人民法院。

（1）你认为A平台“封禁”尚先生的账号是否属于违约？为什么？

（2）尚先生将A平台诉至人民法院，可以要求哪些补救措施？

5. 刚满18岁的高中毕业生小华，为了买一辆心仪的摩托车，背着父母把爷爷过户给他的价值100多万的房子以52万元的价格卖给了中介小伍，之后中介小伍把房子转卖给小洋。在得知事情后，孩子父母怀疑这是对方设局骗了自己的儿子，多次找对方协商未果后，将小伍和小洋告上法庭。

小华的卖房行为是否有效？为什么？

6. 张女士前往某宠物医院为宠物狗就医，后该宠物狗被诊断为肾衰竭，经医治无效后死亡。张女士认为宠物医院在诊疗过程中不按用药说明书用药导致了宠物死亡，故将宠物医院诉至人民法院，要求宠物医院赔偿医药费及精神损害抚慰金。

你认为宠物医院是否需要向张女士赔偿精神损害抚慰金？

五、实践题

1. 利用国家法律法规数据库网站和中国裁判文书网检索与人身权和财产权相关的法律条文或民事案件，在班级进行分享。

2. 结合校园环境，以及所在专业或相关职业，搜集一些侵权案例，分析侵权行为的后果及承担的责任，在班级进行分享。

实践体验活动

“民法护一生”主题演讲比赛

开展以“民法护一生”为主题的演讲比赛，目的是促使学生进一步了解民法的相关知识，让他们领悟民法与我们的生活息息相关，从而增强依法处理民事关系的法律意识。

要求学生根据演讲主题查找资料，搜集现实生活中的典型民事案例融入演讲稿中。每位同学演讲的时间为三分钟，演讲结束后由教师和学生一起投票，选出优胜者，同时教师对优胜者的表现进行点评（建议从演讲稿质量、语言表达、临场反应、整体印象等方面进行点评）。

过程记录

活动开展计划：

活动开展关键点：

活动开展难点及解决方案：

心得体会：

活动评价

教师可参考表 4-2 对“民法护一生”主题演讲比赛进行评价。

表 4-2 “民法护一生”主题演讲比赛活动评价表

评价标准	分值	分数小计	教师评价
同学们兴趣浓厚，积极参与活动，气氛活跃、融洽	25 分		
演讲的同学语言表达流畅、感情充沛，极富感染力	25 分		
演讲稿紧扣主题、观点鲜明、构思巧妙、内容生动	25 分		
同学们可以将所学知识灵活运用，对民法有深入的理解	25 分		

第三节

预防和抵制违法犯罪

思维导图

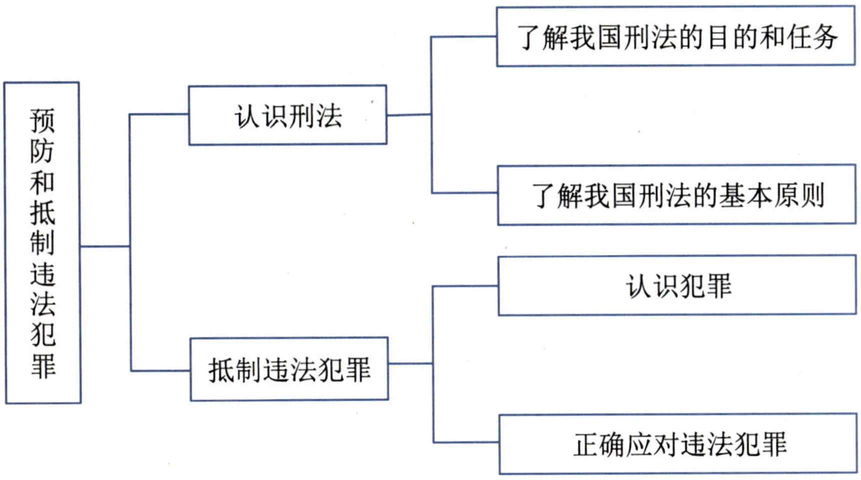

生活感悟

一、哥们义气要不得

一天晚上，16 岁的陈某和罗某接到同学顾某的电话，顾某在电话中说白天自己被人殴打了，想请他俩帮忙去教训一下对方。于是，陈某和罗某各自携带一把刀，又邀约了十几个同学。与顾某会合后，他们便在街上寻找白天与顾某打架的肖某等人。当晚 8 点，他们在一家游戏厅找到肖某，双方发生了肢体冲突，陈某和罗某把对方砍伤后逃离了现场。案发后两人意识到事态的严重性，便主动到公安机关投案自首。最终，陈某、罗某和顾某分别被判处 3 年至 7 年的有期徒刑，并附带赔偿受害人肖某医疗费、营养费等费用共计 10.6 万元。

【简析】近年来，青少年聚众犯罪现象屡见不鲜，他们往往三五成群、拉帮结派，喜欢模仿社会上的违法暴力行为来解决交往中产生的矛盾。此外，蛮横任性、逞强显能、遇事冲动等不良性格也是导致青少年犯罪的主要原因之一。

【感悟】从陈某和罗某的结局来看，他们为自己的违法犯罪行为付出了惨痛的代价。谈一谈犯罪行为有哪些危害，中职学生在日常生活中应该如何预防犯罪。

二、小学生智斗歹徒

某地实验中学门口，王某挥刀砍伤多名学生后劫持了一名13岁男孩，警方与其对峙将近两个小时。最终，王某被特警击毙，男孩获救。在整个事件中，被劫持的男孩虽然仅仅是一名小学生，但他却表现出了超强的智慧与勇气。被歹徒挟持时，男孩没有竭力哭喊，也没有与歹徒硬碰硬，而是选择和歹徒冷静周旋：“人质死了，你就没有跟警察谈条件的资格了。”

当歹徒想要一瓶矿泉水，问他想要喝什么的时候，他要了一瓶可乐。事后被问及为什么要喝可乐，少年解释说，当时歹徒让他手里拿着镜子干扰警察的视线，只有拿着不反光的可乐，趁机放下镜子才能给警察制造击毙歹徒的机会。男孩的有勇有谋让人钦佩。

【简析】在被凶恶的歹徒劫持后，这位13岁的男孩表现出了非凡的智慧和勇气，最后能够脱离危险和他正确的应对方法密不可分。他面对危险，沉着冷静，首先安抚歹徒，避免歹徒伤害自己，然后在劫持过程中不断为警察提供帮助，为自己赢得了获救的机会。

【感悟】当遭遇违法犯罪行为时，有哪些应对方法和技巧？谈一谈你的想法。

知识检测训练

一、单项选择题（下列各题的4个选项中，只有1项是符合题意的）

1．我国刑法规定：“法律明文规定为犯罪行为的，依照法律定罪处刑；法律没有明文规定为犯罪行为的，不得定罪处刑。”这一规定准确地揭示了刑法的（　　）原则。

A．刑法面前人人平等　　B．罪刑法定

C．罪责刑相适应　　D．等价有偿

2．下列选项中，不属于犯罪的是（　　）。

A．危害国家主权、领土完整和安全

B．依照法律应当受到刑罚处罚的

C．侵犯公民的人身权利，但情节显著轻微危害不大的

D．侵犯公民私人所有的财产

3．（　　）是犯罪的首要特征，也是犯罪的最本质的特征。

A．刑事违法性　　B．严重社会危害性

C．行政违法性　　D．应受刑罚处罚性

4．我国刑法在中国特色社会主义法律体系中居于（　　）地位。

A．根本性、完全性　　B．边缘性、补充性

C．核心性、奠基性　　D．基础性、保障性

5．我国刑法规定负刑事责任的最低年龄是（　　）。

A．12 周岁　　B．16 周岁　　C．14 周岁　　D．18 周岁

6．小刘和小罗常手持匕首在上学路上逼迫低年级同学交出身上所带现金，不给就拳打脚踢。后来学生家长报案，小刘和小罗被公安机关缉拿归案，他们的行为属于（　　）。

A．抢劫犯罪　　B．仗势欺人　　C．敲诈勒索罪　　D．一般违法行为

7．小梁盗取他人网上银行账户和密码，然后把账户里的钱都转到了自己的账户，其行为构成（　　）。

A．侵入计算机系统罪　　B．盗窃罪

C．不犯罪　　D．诈骗罪

8．小明在放学回家的路上被一个社会青年堵截勒索，小明无奈之下只好将身上的钱给了对方。事后小明越想越气，第二天便约了几个要好的同学找到那位抢钱的社会青年，将其打伤，小明的行为属于（　　）。

A．正当防卫　　B．故意伤害罪

C．防卫过当　　D．故意杀人罪

9. 周某为了牟取暴利，在销售的白酒中掺水，以假充真，且销售金额高达 6 万元，其行为已构成（　　）。

A. 危害公共安全罪　　B. 破坏社会主义市场经济秩序罪
C. 贪污贿赂罪　　D. 侵犯财产罪

10. 惩罚犯罪是指通过（　　），查明犯罪事实，在正确适用法律的基础上，惩罚犯罪分子。

A. 刑事诉讼活动　　B. 检察机关
C. 立法机关　　D. 公安机关

11. 刑罚的目的是（　　）。

A. 抚慰受害者　　B. 预防犯罪
C. 维护秩序　　D. 杜绝犯罪

12. 下列刑罚中，属于附加刑的是（　　）。

A. 管制　　B. 没收财产　　C. 拘役　　D. 有期徒刑

13. 一个犯罪行为只能判处（　　）个主刑。

A. 一　　B. 二　　C. 三　　D. 不限

14. 我国刑法规定，凡在我国领域内实施犯罪的，除法律有特别规定外，都应使用我国刑法，这体现了刑法的（　　）原则。

A. 罪刑法定　　B. 罪责刑相适应
C. 适用刑法人人平等　　D. 普遍有效

15. 朱某屡次盗窃某地通讯铁塔上正在使用的光缆，致使光缆中断，造成 300 余名用户网间通信严重障碍，造成经济损失 3 206.9 元，朱某的犯罪行为属于（　　）。

A. 盗窃罪　　B. 破坏电信设施罪
C. 危害公共安全罪　　D. 间谍罪

16. 专门矫治教育是针对（　　）情况。

A. 因不满 16 周岁不予刑事处罚的
B. 因已满 12 周岁不满 14 周岁不予刑事处罚的
C. 因已满 14 周岁不满 16 周岁不予刑事处罚的
D. 因不满 18 周岁不予刑事处罚的

二、多项选择题（下列各题的 4 个选项中，至少有 2 项是符合题意的）

1. 犯罪的基本特征不包括（　　）。

A. 严重社会危害性　　B. 暴力性
C. 阶级性　　D. 应受刑罚处罚性

2．下列行为中，属于犯罪的有（　　）。

A．小梁出于哥们义气，将得罪好朋友的小奥打成残废

B．小西等人长期泡在网吧，为筹集上网费而结伙持刀抢劫路人

C．小彤特别喜欢某明星，经过大剧院时顺手揭走了该明星的海报

D．小恺等人组成了盗窃团伙，共偷盗总价达几十万元的财物

3．犯罪的构成要件包括（　　）。

A．犯罪客体　　B．犯罪主体

C．犯罪客观方面　　D．犯罪主观方面

4．自然人成为犯罪主体必须具备的条件是（　　）。

A．达到刑事责任年龄的自然人

B．达到法定年龄的自然人

C．具备刑事责任能力的自然人

D．实施刑法规定的危害社会行为

5．对于已满 14 周岁但不满 16 周岁的人，其对下列行为中的（　　）应负刑事责任。

A．故意杀人　　B．盗窃

C．故意伤害致人重伤或死亡　　D．投放危险物质罪

6．刑法是规定（　　）的法律。

A．犯罪　　B．刑罚

C．刑事责任　　D．民事责任

7．刑罚分为（　　）两大类。

A．主刑　　B．附加刑　　C．主体刑　　D．次刑

三、简答题

1．简述我国刑法的基本原则。

2．犯罪包括哪些基本特征？

3．请列举几种犯罪的种类（回答四种即可）。

4．简述我国刑法的任务。

5．简述故意犯罪和过失犯罪的区别。

四、分析题

1．雷某原来成绩较好，曾被评为“三好学生”。后来，他跟社会上品行不端的人来往，逐渐变得无心学习，经常旷课，有时还偷拿同学东西，打骂同学等。老师经常对他进行批评教育，但他并没有接受教训，反而开始在社会上偷窃少量财物，还因参与赌博被公安机关拘留。尽管如此，他仍不知悔改，最终在一次参加团伙抢劫摩托车的犯罪活动中被抓，经人民法院审理，被判处有期徒刑1年。

（1）雷某由好变坏，最终走上犯罪道路，这说明了什么？

（2）在打击犯罪的过程中，刑罚能起到什么作用？

2. 17岁的小蕾是一家西餐厅的服务员，在为客人服务时，她发现客人落下一部价值6 000多元的手机，便随手装入自己的口袋中，之后还用客人手机给老家打了一个长途电话。在客人返回寻找丢失的手机时，她拒不承认是自己拿走了手机。在警方调查时，她依然拒绝交出客人的手机。

（1）你认为小蕾的行为是否构成犯罪？如果构成犯罪，属于什么犯罪？

（2）当我们捡到物品时，应该怎么做？

3. 赵某是一名通信行业从业人员，某日他从互联网上购得一批光纤。后经公安机关侦查，赵某购买的光纤是赃物，赵某因涉嫌掩饰、隐瞒犯罪所得、犯罪所得收益罪被刑事拘留，最后根据刑法规定，人民法院对赵某的量刑为3年以上。赵某购买的光纤来源于刘某利用职务便利侵占单位的财产，刘某因涉嫌职务侵占被刑事拘留，最后根据刑法规定，人民法院对刘某的量刑为3年以下。如此一来，出现了上下游犯罪“量刑倒挂”的问题。

“量刑倒挂”问题违背了刑法的哪一条基本原则？

五、实践题

1. 小宁性格活泼，一直是班里的好学生，一次他的发小找到他，对他说自己受到了别人的欺负，让他帮自己"报仇"。小宁……

请你为上述材料编写故事结尾，并进行分析。

2. 搜集一些青少年犯罪的案例，说说如何从中吸取教训，并讨论如何才能远离犯罪，走好自己的人生路。

实践体验活动

"以案释法"案例研讨会活动

本活动的目的是让学生更好地将所学法律知识与社会实践相结合，促进他们进一步了解刑法的基本知识，提高运用刑法依法打击各类刑事犯罪活动的能力，进而起到远离犯罪、预防犯罪的作用。

要求学生以小组为单位，利用课余时间查阅相关资料，收集有代表性的刑事案件，并制作成案例卡交给老师。教师将各组的案例卡进行汇总，再让各小组抽签选择案例卡，并对选中的案件进行分析、讨论，同时选出一名发言人阐述本组讨论结果。师生共同评议各组的发言。

过程记录

活动开展计划：

活动开展关键点：

活动开展难点及解决方案：

心得体会：

活动评价

教师可参考表 4-3 对“以案释法”案例研讨会活动进行评价。

表 4-3　“以案释法”案例研讨会活动评价表

评价标准	分值	分数小计	教师评价
案例贴近实际，表述明了	20 分		
案例分析思路清晰、结构完整	20 分		
对法律相关知识理解到位	20 分		
发言阐述清楚、观点明确	20 分		
小组成员分工明确，配合默契	20 分		

第四节

正确维护自身权益

思维导图

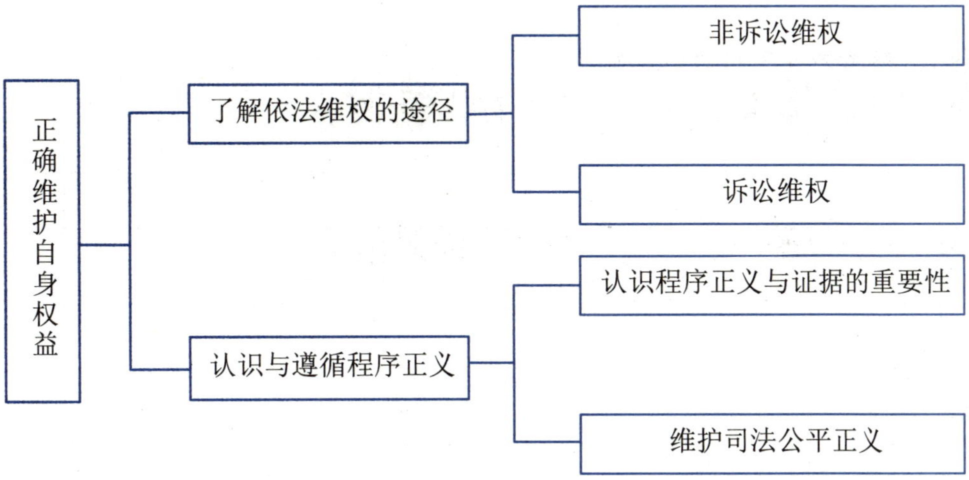

生活感悟

一、申请法官回避，体现程序正义

王某利用其职务之便为他人谋取利益，索取和非法收受他人给予的财物，数额巨大，因此某市人民检察院依法向人民法院提起公诉。检察院汪某在办理这个案件时，发现犯罪嫌疑人王某是法官的表哥，故申请法官回避。

【简析】本案中汪某的行为体现了诉讼法中的回避原则，体现了程序正义。推崇程序正义是法治精神的重要体现，可以让人民群众在每一个司法案件中感受到公平正义。

【感悟】你相信程序正义可以减少不公正判决吗？谈谈你对程序正义的认识。

二、没有证据债难讨，债主打人倒赔钱

老张和老牛是好朋友。老牛向老张提出想借 2 万元钱做生意，说一年后还钱，老张借给了他，并表示不用写借条。一年后，老张要老牛还钱，而老牛却矢口否认。老张一时气急，动手把老牛打了一顿，老牛把老张告上了法庭。法庭了解情况后，对双方进行了调解，最终老张因为没有任何证据证明自己是债主，不但没有要回钱，还反过来赔偿了老牛医疗费 500 元。

【简析】本案中的老张遇到了“有理说不清”的情况。这个案例告诉我们两个道理：第一，进行经济交易时，要注意保留证据；第二，证据对打官司至关重要。我们通常所说的“以事实为根据”，实质上就是“以证据为根据”。

【感悟】你在生活中是否也忽视过证据的重要性？结合老张的教训谈谈你对诉讼证据的认识。

知识检测训练

一、单项选择题（下列各题的4个选项中，只有1项是符合题意的）

1．面对纠纷，我们首先应该（　　）。

A．到人民法院起诉　　B．自认倒霉

C．尝试通过非诉讼手段解决　　D．寻求政府帮助

2．当我们在消费过程中遇到权益争议时，正确解决问题的流程为（　　）。

① 请求消费者协会或其他组织调解

② 向人民法院提起诉讼

③ 提请仲裁机构仲裁

④ 与商家协商，寻求和解

A．①②③④　　B．④①③②

C．④③①②　　D．①③②④

3．当事人在自愿的基础上，协商沟通，互相退让一步，友好地解决纠纷属于（　　）。

A．调解　　B．仲裁

C．和解　　D．行政复议

4.（　　）是在民事纠纷中，由双方信任的第三方协调，双方在平等协商之后达成和解。

A．仲裁　　B．调解

C．和解　　D．诉讼

5．发生劳动争议后，未经（　　），当事人不得直接向人民法院提起诉讼。

A．劳动仲裁程序　　B．第三方调解

C．双方同意　　D．行政许可

6．以下关于商事仲裁的描述中，正确的是（　　）。

A．当事人可以同时进行商事仲裁和诉讼

B．仲裁机构裁决后，还需要人民法院审查才能生效

C．仲裁方可以是企业、事业单位或个人

D．以上选项都不对

7.（　　）没有司法机关介入，不属于司法活动。

A．民事诉讼　　B．行政复议

C．行政诉讼　　D．刑事诉讼

8．通过诉讼维权，一般需由当事人或其（　　）向人民法院提起。

A．子女　　B．父母

C．法定代理人　　D．同事

9. 小张逛街时被楼上丢下来的垃圾砸伤，其向高空抛物的人提起诉讼，属于（　　）。

A．行政诉讼　　B．人身诉讼

C．民事诉讼　　D．刑事诉讼

10．小王入室抢劫，被检察机关提起诉讼，属于（　　）。

A．行政诉讼　　B．人身诉讼

C．民事诉讼　　D．刑事诉讼

11．小李是一名货车司机，经过某地时被交通检查站无理处罚 200 元，小李针对该处罚决定提起诉讼，属于（　　）。

A．行政诉讼　　B．人身诉讼

C．民事诉讼　　D．刑事诉讼

12．小孟要与丈夫小黄离婚，小黄不同意，小孟向人民法院提起离婚诉讼，属于（　　）。

A．行政诉讼　　B．人身诉讼

C．民事诉讼　　D．刑事诉讼

13．仇某在互联网上发表诋毁、侮辱英雄烈士的言论，该言论在网络上广泛流传，造成了极其恶劣的社会影响，被检察机关提起诉讼，属于（　　）。

A．行政诉讼　　B．人身诉讼

C．民事诉讼　　D．刑事诉讼

14．李某和付某因琐事发生矛盾，李某事后怀恨在心，于是持刀将付某杀害，检察机关应向（　　）提起诉讼。

A．基层人民法院　　B．中级人民法院

C．高级人民法院　　D．最高人民法院

15．提起民事诉讼，要准备（　　），以便明确诉求，说明事情经过和诉讼理由。

A．说明书　　B．证词

C．起诉状　　D．申请书

16．以下关于证据的描述中，错误的是（　　）。

A．在诉讼过程中提出的证据不仅要客观真实，还要依法取得

B．使用暴力威胁取得的证言不能作为定案的依据

C．偷拍取得的照片不能作为定案的依据

D．伪造证据或非法取证会导致败诉，但不承担法律责任

17．诉讼过程一般遵循（　　）的原则。

A．谁被告，谁举证　　B．谁无罪，谁举证

C．谁主张，谁举证　　D．谁有罪，谁举证

二、多项选择题（下列各题的4个选项中，至少有2项是符合题意的）

1．解决劳动争议时，在（　　）的情况下，当事人可以向人民法院提起诉讼。

A．劳动争议仲裁委员会对当事人的仲裁申请不予受理

B．当事人对仲裁裁决不服

C．当事人不愿意仲裁

D．当事人对仲裁结果满意

2．仲裁一般包括（　　）。

A．刑事仲裁　　B．劳动争议仲裁

C．商事仲裁　　D．外交争端仲裁

3．与人们的日常生活关系密切的诉讼有（　　）。

A．民事诉讼　　B．刑事诉讼

C．民政诉讼　　D．行政诉讼

4. 民事诉讼和行政诉讼的管辖包括（　　）。

A. 级别管辖　　B. 籍贯管辖

C. 地域管辖　　D. 年龄管辖

5. 以下选项中，属于审判程序的是（　　）。

A. 宣判　　B. 受理

C. 定罪　　D. 侦查

6. 以下关于诉讼举证的说法中，错误的是（　　）。

A. 民事诉讼和行政诉讼的举证规则相同，都需要原告拿出证据证明自己的诉讼请求成立

B. 在民事诉讼中，需要被告拿出证据证明自己无罪

C. 在刑事诉讼中，需要让被告人自证其罪

D. 在民事诉讼中，由公诉人或自诉人提供被告人有罪的证据

7. 以下关于程序正义的描述中，正确的是（　　）。

A. 程序正义是隐藏在法律背后的正义

B. 程序正义有助于实现结果公正

C. 程序正义是法治社会的重要特征

D. 用事实说话是程序正义的重要标志

三、简答题

1. 民事诉讼和行政诉讼如何确定由哪一个人民法院管辖？

2. 民事诉讼和行政诉讼的审判程序有哪些？

3. 诉讼方式与非诉讼方式都包含了哪些内容？

4. 什么是行政复议？行政复议的目的是什么？

5. 行政诉讼的证据一般有哪几类？

6. 有一句话在司法领域广为流传：“一次不公正的审判，其恶果甚至超过十次犯罪。因为犯罪虽是无视法律——好比污染了水流，而不公正的审判则毁坏法律——好比污染了水源。”结合这句话，谈谈公正对司法的重要意义。

四、分析题

1. 王某与李某是邻居。王某婚期将近，但新房还未装修好，为了赶进度，他要求装修工人日夜开工，而装修产生的噪音影响了李某一家人休息，李某多次与王某沟通未果。一日晚上七点，王某又指挥装修工人在墙上打眼，李某听到噪声，遂找到王某理论，双方由此发生争吵，引来邻里数十人围观，众人纷纷劝说双方忍让。王某恼羞成怒，当下指使装修工人冯某打了李某几个耳光，并告诉围观的人少管闲事。李某遭此羞辱之后，受到严重刺激，神经衰弱加重，不能正常生活和工作，治病、休养、生活无来源，使李某身心、财产俱遭损伤。

结合上述材料，分析本案中李某可以采取哪几种途径维护自己的权益。

2. 张某与何某是邻居，两人签订了房屋买卖合同，约定把张某的一套100平方米的楼房以40万元的价格卖给何某，房款分两次付清。在何某交了第一次房款后不久，张某提出合同价格过低，要求解除合同，但遭到了何某的拒绝，双方最终走上了法庭。在法庭审理前，张某了解到主审法官与何某的父亲是好朋友，因此申请主审法官回避。人民法院经过审理，最终裁定张某要履行合同的约定。张某对此表示不服，但这时正好张某有一笔生意要做，就匆忙赶往外地去了。两个月以后，他想请求人民法院重新审理此案，这时才发现判决已生效，对此他追悔莫及。

（1）张某申请法官回避的法律依据是什么？

（2）张某因忙于生意而失去了他在本案中的哪项基本权利？

3．王某与齐某系邻居。前不久，王某在自己院内盖房与齐某产生矛盾，于是齐某在自己院内靠王某家北界墙墙根挖出一条东西4米、南北1.3米、深1米的大坑，导致王某房屋出现裂痕，严重影响王某的房屋安全。该纠纷经村委会多次调解未果，王某向人民法院提起诉讼。

王某应该向哪一级人民法院提起诉讼？

4．吴某的小轿车在家门口停放时，被张某驾驶的重型货车剐蹭，双方报警处理。因交通事故现场变化、证据灭失，无法进行责任划分，公安机关仅出具交通事故证明书。吴某将事故车辆送到某汽车修理厂修理，后提起诉讼，向张某追索修车费2万元。人民法院审理查明，原告吴某提供的2万元修车发票系某汽修公司出具，但票据上签名的三位工作人员均不是该公司的员工，该公司也从未出具过该发票，原告举证的票据系伪造。吴某因伪造证据，妨碍人民法院审理案件，被处以罚款2 000元。

（1）上述案例对我们有什么启示？

（2）面对此类事件，我们应该怎么做？

5. 齐某因感觉头晕到孙某经营的药店购买硝酸甘油，不料齐某服药后出现心脏骤停现象，孙某对其实施心肺复苏抢救。齐某恢复意识后，由120救护车送往医院治疗，被诊断为双侧多发肋骨骨折、右肺挫伤、低钾血症。此后，齐某提起诉讼，请求孙某赔偿医疗费、护理费、交通费、住院伙食补助费共计9 000余元。人民法院认为，孙某系自愿实施紧急救助行为，没有证据证明齐某心脏骤停与服用的硝酸甘油药物有关，且孙某具有医学从业资质，实施心肺复苏造成肋骨骨折及肺挫伤无法完全避免，其救助行为不违反诊疗规范，故孙某作为救助人对齐某的损害不承担民事责任。

（1）结合上述材料谈一谈，如果社会缺失司法公正，仅凭“谁受害，谁有理”来判定责任，会对社会道德和秩序有哪些影响？

（2）全社会应该如何维护司法公正？

五、实践题

1. 搜集一些纠纷解决案例，比较解决纠纷的各种方法及其效果，总结不通过法律程序解决与通过法律程序解决纠纷的利弊。

2. 搜集一些劳动者维权案例，分析案例中劳动者的哪些权利受到了伤害，讨论劳动者应如何依法维护自己的合法权益，并总结案例给自己带来的启示。

实践体验活动

“观看庭审实录、模拟法庭”活动

本活动的目的是让学生了解法庭受理案件的整个流程和细节；感受法就在我们的身边，增强学生的法律意识。活动过程包括案情分析、角色划分、法律文书准备、预演、正式开庭等环节。本活动可以调动学生的积极性与创造性，培养学生的写作能力、实务操作能力、表达能力、应变能力和团结协作能力等。

【活动准备】

（1）案件选取：选取与青少年相关的典型民事案件。

（2）演员选角：选出 1 名审判长、2 名审判员、1 名书记员、2 名公诉人、2 至 3 名辩护人、2 名被告、2 名法定代理人、2 名证人、2 名法警。

（3）准备诉讼文书：包含民事起诉状、民事答辩状、民事判决书、公诉词、辩护词、代理词、庭审笔录，同时厘清诉讼过程。

【活动流程】

步骤一：书记员宣布法庭纪律，核对当事人基本情况；

步骤二：书记员宣布起立，法官进入；

步骤三：法官介绍案件基本情况（合议庭组成、公诉人、被告、案由等）；

步骤四：公诉人宣读起诉书；

步骤五：被告人答辩；

步骤六：法庭调查；

步骤七：法庭辩论；

步骤八：宣判；

步骤九：教师点评。

过程记录

活动开展计划：

活动开展关键点：

活动开展难点及解决方案：

心得体会：

活动评价

教师可参考表 4-4 对“观看庭审实录、模拟法庭”活动进行评价。

表 4-4　“观看庭审实录、模拟法庭”活动评价表

评价标准	分值	分数小计	教师评价
同学们积极参与、团结协作	25 分		
案件材料准备充分、详细	25 分		
同学们掌握诉讼活动具体步骤，树立程序正义的观念	25 分		
同学们活学活用，实践能力较强	25 分		